基金项目：本书为2019年山东省高等学校青创人才引育计划
“山东省产业升级与高质量发展研究”成果

U0957768

李德震◎著

不完全契约与跨国公司生产组织模式选择

INCOMPLETE CONTRACT AND THE SELECTION OF MULTINATIONAL PRODUCTION ORGANIZATION MODE

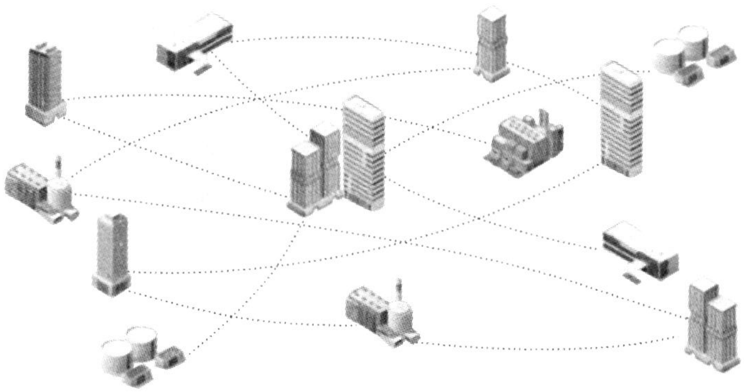

经济管理出版社
ECONOMY & MANAGEMENT PUBLISHING HOUSE

图书在版编目（CIP）数据

不完全契约与跨国公司生产组织模式选择/李德震著. —北京：经济管理出版社，2020. 1
ISBN 978 - 7 - 5096 - 5459 - 0

Ⅰ. ①不…　Ⅱ. ①李…　Ⅲ. ①跨国公司—生产组织—生产模式—研究　Ⅳ. ①F276. 7

中国版本图书馆 CIP 数据核字(2017)第 274161 号

组稿编辑：申桂萍
责任编辑：申桂萍　侯春霞
责任印制：黄章平
责任校对：董杉珊

出版发行：经济管理出版社
（北京市海淀区北蜂窝 8 号中雅大厦 A 座 11 层　100038）
网　　址：www. E - mp. com. cn
电　　话：(010) 51915602
印　　刷：三河市延风印装有限公司
经　　销：新华书店
开　　本：720mm × 1000mm/16
印　　张：9
字　　数：172 千字
版　　次：2020 年 4 月第 1 版　　2020 年 4 月第 1 次印刷
书　　号：ISBN 978 - 7 - 5096 - 5459 - 0
定　　价：49. 00 元

联系地址：北京阜外月坛北小街 2 号
电话：(010) 68022974　　邮编：100836

前　言

近年来，在全球化快速发展的进程中，国际贸易与投资领域的以下三个现象尤为突出：①在跨国公司主导的全球价值链分工下，世界 FDI 和中间品贸易迅速发展；②FDI 与中间品贸易的区域分布不平衡；③国家和地区间的契约实施制度存在很大的差异。基于以上现象，我们可以总结出 FDI 与中间品贸易的特征：契约制度优越的地区往往能吸引更多的投资，有更多的中间品贸易。在世界已成为“地球村”的今天，各国经济紧密相连，吸引外资与参与国际外包活动对一国特别是发展中国家的经济至关重要。那么，国际投资和中间品贸易为何会表现出上述特征呢？根据我们的分析，当代国际垂直专业化生产（或产品内分工）是由跨国公司主导的。因此，弄清这一特征的关键在于理解跨国公司的生产组织模式选择问题。这一选择问题包括两个方面：一是组织边界选择，即经典的“Make or Buy”的问题：对于所需的中间投入品，企业是选择将其外包出去，从别的企业购买，还是采用垂直一体化的方式在企业内部生产？二是区位选择，即企业选择到什么地方寻找外包合作伙伴，或投资垂直一体化生产。

传统理论对该问题的解释较为无力。这是因为：首先，传统的经济学理论抽象了企业的生产过程，认为企业是一个“黑匣子”。其次，传统的贸易理论也抽象了企业生产的组织模式问题，假定产品的全部生产过程都在一国内部，按照比较优势的原则进行，或者即使涉及中间品的分析，也只是将最终品分解为具有不同要素密集度的中间品，然后在比较优势的框架下分析这些中间品的生产将如何分布在具有不同资源禀赋的国家。最后，传统的经济和贸易理论都隐含着完全契约的假设，认为合作双方的企业只要签订了契约，就一定能完全按照双方意愿执行，并未考虑契约摩擦等因素对企业的影响。

20 世纪八九十年代诞生的不完全契约理论为我们提供了一个分析该问题的思路。为解释这个问题，本书基于不完全契约理论建立了数理模型，并使用跨国面板数据和中国省际面板数据对数理模型的主要结论进行了验证。

本书基于不完全契约理论，分别从产权（GHM）和交易成本（TCE）的视角建立了南—北两国开放经济的理论模型，基于跨国公司的生产组织模式选择问题，重点分析南方国家契约实施制度的进步对其承接北方国家企业离岸生产的影响。此外，在 TCE 框架中，我们还将不完全契约对南方国家承接中间品生产的影响分为“扩展边际”和“集约边际”。

本书理论部分的主要结论有：①资本密集型产品的生产相对倾向于采取一体化的形式，而劳动密集型产品往往采用外包形式组织生产。②南方国家契约实施制度的改善能促进其承接国际外包或吸引 FDI 流入，且对于契约密集度越高的行业促进作用越明显。③南方国家契约实施制度的进步能增加北方国家的企业在南方国家离岸生产的倾向，从而促进南方国家承接离岸生产，即有扩展边际的作用，且这一作用对于契约密集度越大的产品生产行业具有越明显的效果。④南方国家契约实施制度的进步能增加南方国家企业的中间品产量，即对南方国家的离岸生产有集约边际的作用。⑤南方国家工资水平的降低能促进北方国家的企业在南方国家开展离岸生产，且对于契约密集度越大的产品生产行业，其促进效果越明显。

在理论分析的基础上，本书分别运用跨国样本数据和中国省际面板数据对契约实施制度与 FDI 和国际外包的关系进行了实证分析。

基于跨国样本数据的实证结果显示：①契约实施制度对 FDI 有着显著且稳健的促进作用，契约制度系数的符号和显著性不随衡量指标的变化而产生明显变化，在控制了内生性等问题后该结论仍然成立。②为进一步考察契约实施制度对 FDI 不同水平处的影响，我们还使用了分位数回归方法，结果显示，契约实施制度对高分位数水平处的 FDI 促进作用更为明显。

基于中国省际面板数据的实证结果显示：①从总体上看，对于 FDI 和外包，契约实施效率的进步都有显著且稳健的促进作用；衡量经济规模和市场厚度的 GDP 对 FDI 和外包的促进作用也很显著；较低的工资水平和完善的基础设施对 FDI 和外包有一定的促进作用，但这个效果并不稳健。②从 FDI 和外包的不同分位处来看，在其水平越高的分位处，契约实施效率的促进作用越强，而 GDP、工资水平和基础设施的作用都有所减弱，其中工资水平和基础设施的系数在 0.75 和 0.9 分位处已经不显著。这说明随着地区经济发展，当 FDI 和外包达到一定水平时，只有“制度红利”能进一步促进其发展，而像“人口红利”和基础设施等“硬实力”的作用已经变得十分微弱。

目 录

第一章　导　论

第一节　研究背景与问题的提出

过去的一个世纪，是人类历史上极不平凡的一百年。现在的我们无时无刻不在享受着这一百年之内诞生的科技成果带来的前所未有的便捷。

现在，我们只需不到15个小时就能从北京飞到地球另一端的华盛顿，而在1903年之前这绝对是不可想象的。1903年，莱特兄弟发明了世界上第一架飞机。如今，人们借助飞机能以前所未有的速度到达地球的任何地方。在这之前，单是跨越太平洋就需要数十天的时间，期间还要面临葬身海底的风险。

现在，电话机已经普及到千家万户。我们只需要几秒钟便能拨通远在千里之外的亲朋或客户的电话，与他们交谈，甚至“面对面”地视频聊天。这在靠电报和写信交流的年代是不可思议的。

现在，我们可以随时随地地使用智能手机、平板电脑等终端登录互联网，浏览世界上几乎所有地方的新闻和信息。我们还可以通过互联网上的社交媒体与世界各地的人们即时分享自己身边的新闻趣事，与他人交流。这在哪怕30年前都是难以想象的。在图1－1中，我们在时间轴上刻画了一百多年来交通和通信技术的重要发明。

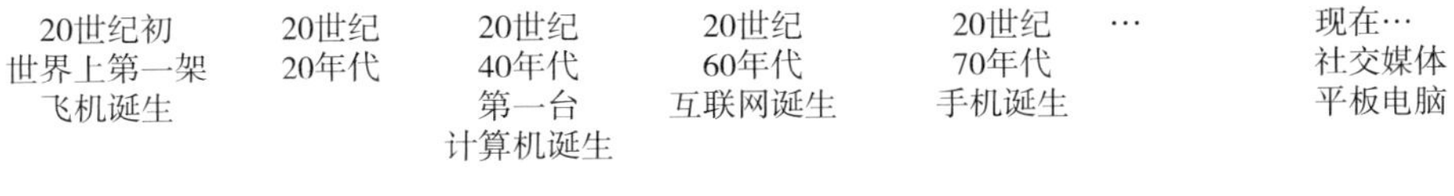

图1－1　一百年来重要交通和通信工具发明时间轴

一、跨国公司主导的世界贸易与投资的发展

交通和通信技术的发展大大降低了人们之间的交流和交易成本，使人们的生产和生活获得了前所未有的便利。这对于国际间的交流、合作与贸易更是影响深远，这种日益发展的国际交流、合作与贸易被称作“全球化”。在过去的几十年里，全球化势不可当地在世界各地展开，人们不禁感慨，当今的世界是平的。在托马斯·弗里德曼（曾三度获得普利策奖）的《世界是平的》一书中，一系列互联网技术、外包和离岸生产、供应链和搜索技术等被描述为让世界变平的十大动力，毫无疑问，国际贸易与相关的投资是其中的重要因素。近几十年来，国际贸易得到了飞速发展。公开数据显示，2006 年全球进出口贸易总额与 GDP 的比值为 50.66%，而这一比值在 1962 年时仅为 9.12%。2012 年对外贸易额最多的三个国家依次为中国（3.87 万亿美元）、美国（3.82 万亿美元）和德国（2.70 万亿美元），这三个国家当年的 GDP 分别为 8.3 万亿美元、15.83 万亿美元和 3.4 万亿美元，三国对外贸易额占当年 GDP 的比重分别为 46.63%、24.13% 和 79.41%，足见对外贸易在世界经济和各大国经济中的地位。

近年来，国际投资也保持较高水平和较快发展。根据联合国贸易和发展会议（UNCTAD）发布的《世界投资报告》，2000～2011 年世界 FDI 存量从约 74 万亿美元增至约 200 万亿美元，接近原来的三倍。从流量看，2001～2007 年世界 FDI 流量从约 8.25 万亿美元增至约 21 万亿美元。2001～2007 年世界 FDI 存量与流量增长趋势分别如图 1－2 和图 1－3 所示。

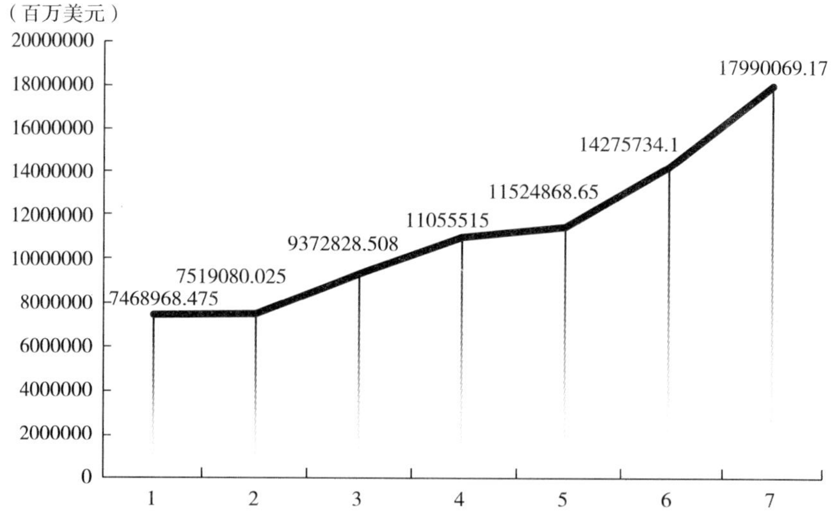

图 1－2　2001～2007 年世界 FDI 存量

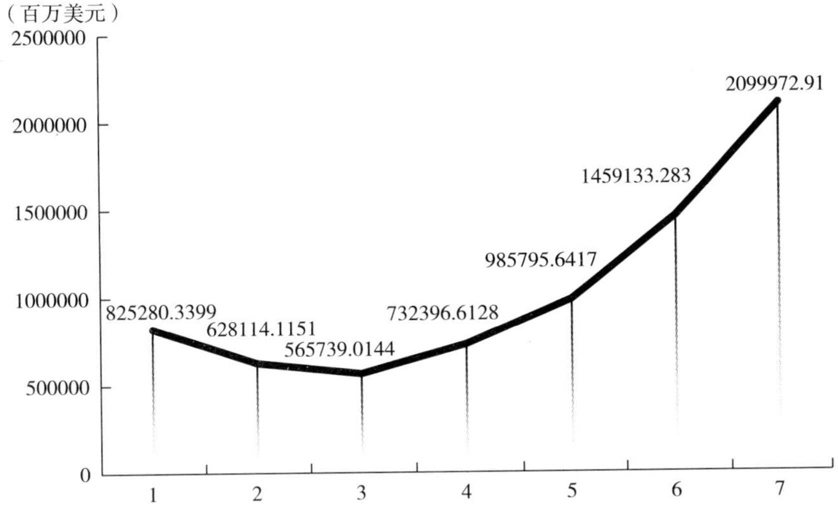

图1-3 2001~2007年世界FDI流量

在全球化的过程中，跨国公司无疑扮演了举足轻重的角色。2010年世界500强企业（绝大多数是跨国企业）中，在2009年盈利最高的100个企业净利润之和将近8000亿美元，达到中国GDP的近20%，与土耳其的GDP相当（世界排名第17位）。根据Antràs（2003）的数据，世界贸易总量中有近1/3是跨国公司内部贸易。另据OECD统计，2009年美国货物贸易中跨国公司内部贸易所占比重为：进口贸易达到48.3%，出口贸易达到29.6%。根据2011年联合国贸易和发展会议，跨国公司的产值和出口分别占全球GDP的10%以上和世界出口总额的约1/3。据联合国贸易和发展会议于2013年2月27日发布的报告《全球价值链与发展：全球经济中的投资和增值贸易》分析，跨国公司全球生产网络使全球投资和贸易密不可分。跨国公司通过在全球进行投资生产，并通过复杂程度不同的跨国价值链对中间产品和制成品进行贸易，构建全球生产网络。这些由跨国公司主导的价值链，由企业内部和企业之间的、地区性或全球性的生产和交易活动所组成，在全球贸易中大约占到80%。报告还表明，大多数发展中国家，包括最不发达国家，都日益参与到全球价值链生产活动中。发展中国家在全球增值贸易中所占比重从20世纪90年代的20%增加到2000年的30%，目前已经超过40%。同样，跨国公司在其中发挥了重要作用。相对于一国经济规模而言，吸收外国直接投资较多的国家往往对全球价值链的参与程度较高，其在全球增值贸易中所占比重也往往高于其出口在全球总出口中所占比重。联合国贸易和发展会议发布的数据还显示，发展中国家参与全球价值链对其经济增长具有重要作用。在发展中国家，增值贸易在国内生产总值中平均占到28%，而发达国家的这一比例仅为18%。在参与全球价值链活动中增长最快的经济体，其人均国内生产总值增长率比平均水平要高出2个百分点。发展中国家以不同的方式参与全球价值链，不断提升价值增值，往往能在发展方面收到最好的成效。过去20年，既能成功地扩大对全球价值链的参与，又能提高出口附加值的国家，其人均国内生产总值增长率平均达到3.4%，而那些仅仅扩大对全球价值链的参与但未能提高价值增值的国家，其人均增长率平均仅为2.2%。

以苹果公司在这个时代具有代表性的科技产品iPad为例，来说明跨国公司主导的产品内国际分工的发达程度。根据苹果公司公开的资料，iPad 2显示屏由LG和三星两家企业分别在韩国和中国生产，触摸屏由中国大陆、中国台湾和印度生产，电池由中国台湾的Simplo Tech、Dynapack生产，Senor PCB板部件则在意大利、法国、日本和美国等国生产。单是iPad的主板又由多个国家生产。而最后的步骤——组装则由中国大陆的台资企业富士康完成。像iPad这种当代较有代表性的科技产品，由大约20种零部件组成，并涉及十几个国家的分工协作。另外，我们还可以看到，在产品内分工的价值链中，越为核心的部件如处理器和整个产品的研发设计环节，将由位于发达国家如美国、意大利、法国的拥有研发中心的企业完成，而相对较为不发达的国家如中国，则会承接像组装这类价值链低端的工序。这与本书接下来将提到的基于不完全契约理论的模型预测是相吻合的。

由像苹果公司这样的大型跨国企业主导的国际贸易往往是产品内贸易（或从另一角度看，称为中间品贸易）。随着全球化进程的推进，世界市场变平了，越来越多的贸易壁垒被消除。这些多处于发达国家的大型跨国公司往往把整个产品生产分为诸多环节，把每个环节放在最合适的国家，利用全球范围的资源进行垂直专业化生产。根据《金融时报》（*Financial Times*）的一则报道，早在2005年，大部分公司将业务的60%以上外包出去，而绝大多数跨国公司更是将外包业务扩展到国际市场，进行所谓的"离岸外包"。跨国公司离岸外包活动实际上只有几十年的历史，但这几十年间，离岸外包在世界范围内得到了迅猛发展。20世纪60年代，美国在劳动密集型制造业行业面临着日本和西欧的强力竞争，国内企业在竞争压力下，为保持核心竞争力并减少成本，纷纷将最终产品中的劳动密集型中间投入品或生产工序转移到国外。这一方面能利用发展中国家的廉价劳动力来减少生产成本，另一方面还能使母公司利用本国优势专注于核心业务，最终提高企业的盈利和竞争力。为鼓励企业的离岸外包，1963年，美国政府专门提出了"生产共享战略"（Production Sharing Scheme），规定在企业将美国生产的部分或者全部中间品运送到国外组装的情况下，产品组装完成运回美国时所征税项仅包含国外组装的增值部分，包含在最终产品中的美国生产的中间品和零部件可享受免税待遇。

到20世纪八九十年代，跨国公司的离岸外包活动在全世界范围内迅猛发展，各国的企业将越来越多的业务转移到国外。除美国外，欧洲、亚洲各国的跨国公司也积极参与国际外包活动。根据Yeats（1998）对零部件贸易的统计，世界工业制成品外包的规模在1995年就已突破8000亿美元。在SITC 7“机械与交通运输类”产品中，由发展中国家生产的零部件超过1000亿美元，占国际外包总量的约1/5。根据Ng和Yeats的研究，1948~1996年亚洲出口到全球的中间品数量增加了5倍。Kaminski和Ng（2003）的研究显示，欧盟10个新成员国均参与了零部件贸易。Egger（2003）则考察了东欧承接国际外包业务的情况。Egger认为，由于东欧的廉价劳动力和低贸易壁垒，奥地利的企业纷纷将劳动密集型中间品的生产移至该地区。早在20世纪80年代，Swiss Air（瑞士航空）公司就已将会计等业务转移到印度。Molnar等（2007）用广义经济分类标准（Broad Economic Categories，BEC）测算了经济合作与发展组织（Organization for Economic Co-operation and Development，OECD）国家的国际外包规模。计算显示，1992~2004年，以中间品进口总额测度，OECD国家的国际外包规模增长近20%。其中发展中国家承接的国际外包业务由15%提高到25%，中国、东盟和中东欧国家是承接国际外包业务最多的发展中国家。

二、中国参与全球垂直专业化的情况

在跨国公司主导的全球产品内分工和国际外包浪潮中，中国凭借丰富的劳动资源禀赋和制度上的不断进步等优势，也一直积极参与其中，并受益匪浅。改革开放30多年来，中国的对外贸易增长迅速，并在国际市场上扮演着越来越重要的角色。与此同时，统计数据表明，中国的对外贸易增长主要来自以外资企业为主的加工贸易，中国实际上正扮演着“世界打工仔”的角色。

加工贸易是中国参与世界产品内分工的主要形式。根据《中国统计年鉴》，1995~2006年中国的加工贸易额从1300.7亿美元增长到8318.6亿美元。而2006年中国进出口贸易总额为17606.9亿美元，加工贸易所占比重接近一半。根据《中国对外贸易形势报告（2012年秋季）》，2012年1~9月中国进出口贸易总额为28424.7亿美元，其中加工贸易进出口额为9829.4亿美元，约占贸易总额的34.6%；外商投资企业进出口额为13994.6亿美元，约占贸易总额的49.2%。另外，作为全球第一大代工厂商富士康，连续9年居中国大陆出口200强榜首。2011年，仅这一家企业的出口额就占当年中国大陆出口总额的约5.8%。由此可见，加工贸易和外资企业在中国对外贸易中的地位是非常重要的。

三、契约制度的区域差异与垂直专业化区位分布的不平衡

在世界垂直专业化浪潮汹涌澎湃的同时，跨国公司主导的国际外包与FDI也伴随着较为明显的区域差异。根据鲁明泓（1999）的估计，北美和西欧吸引了全球国际直接投资的60%～70%，拉丁美洲和东亚、南亚吸引了剩余份额中的绝大部分。美国等吸引国际直接投资最多的10个国家约占全球直接投资的65%～75%。笔者用UNCTAD发布的《世界投资报告》中的数据进行计算，发现2009年世界230多个国家FDI流量总额为111418.9亿美元，而FDI流入最多的前20个国家就有78138.34亿美元，约占当年世界FDI总流量的70%。从发达国家和发展中国家角度来看，2009年38个主要发达国家的FDI流入量恰好也占当年世界FDI流量的约70%。

即便是在一国内部，国际外包和FDI的区位分布也是极不平衡的。以中国为例，其FDI和国际外包主要分布在东部沿海地区。根据金相郁和朴英姬（2006）的研究，1980～2000年中国引进的FDI中有87.8%集中在东部沿海地区，其中长三角、珠三角和环渤海地区占了66.8%。尽管2000年以来中国中央政府出台的区域发展政策和中西部地方政府实施的一系列招商引资优惠政策使得部分FDI向中西部地区转移，但FDI依然集中在东部沿海地区，2004年东部的FDI仍然占85.9%，中西部地区的18个省区市只占了不到15%。在国际外包方面，以加工贸易为例，2008年加工贸易出口最多的7个省市依次为广东、江苏、上海、山东、浙江、福建和天津，全部分布在东部沿海，而这7个省市的加工贸易出口总量占当年全国加工贸易出口总量的约92%。

这种区域不平衡现象并非偶然。Antràs（2011）发现，承接iPad 2生产环节的国家往往具有较高的契约实施制度效率。

事实上，这从直观上很容易理解。由表1－1我们可以看出，各国或地区间的契约制度有着非常显著的差异。世界银行的《营商环境报告》调查了各国的营商环境，其中包括契约制度环境。如表1－1所示，由法庭强制执行一款契约所需要的程序数最少的国家是澳大利亚、挪威和英国，仅需十一二个程序。从执行契约的天数来看，不同的国家所需天数更是从最快的七天到一个多月，再到一千多天不等，在所需天数最多的危地马拉竟需等1460天，合4年。由此可见，各国或地区契约制度环境的差异是多么的惊人。

那么，在各国契约制度环境存在如此大的差异的情况下，企业如何选择外包或投资地点呢？答案似乎是显而易见的。企业在进行合作时，特别是当生产的产品或生产环节比较复杂时，由于关于产品质量、规格等的要求很难详细而明确地写入契约，而这些中间品往往具有关系专用性，这时合作双方通常难免卷入合同

表 1－1 各国或地区实施契约的难易程度 单位：个，天

实施契约的程序数				实施契约的天数			
最少		最多		最快		最慢	
澳大利亚	11	安哥拉	46	突尼斯	7	波斯尼亚和黑塞哥维那	630
挪威	12	巴拉圭	46	荷兰	39	意大利	645
英国	12	喀麦隆	46	新西兰	50	黎巴嫩	721
津巴布韦	13	墨西哥	47	新加坡	50	尼日利亚	730
丹麦	14	塞拉利昂	48	博茨瓦纳	56	安哥拉	865
牙买加	14	乍得	50	日本	60	埃塞俄比亚	895
瑞士	14	阿曼	54	亚美尼亚	65	波兰	1000
坦桑尼亚	14	波多黎各	55	尼加拉瓜	65	斯洛文尼亚	1003
突尼斯	14	刚果	55	立陶宛	74	塞尔维亚和蒙得维的亚	1028
中国台湾	15	布隆迪	62	韩国	75	危地马拉	1460

资料来源：《营商环境报告 2004——了解管制》（世界银行，2004）。

纠纷。如果一国的契约制度不够完善，则企业的关系专用性投资就很难得到保障，企业的投资积极性会受到打击，从而影响生产效率。以 iPad 2 的生产为例，如果苹果公司打算将某个零部件的生产外包给某国的企业，双方将订立契约，规定零部件的规格、质量以及交货时间、地点和价格等。交货时间到来时，一旦该企业未按期或按质量完成该零部件的生产，苹果公司将面临耽误工期等损失。在法院强制执行契约较为方便的国家，法院会在短时间内强制要求本国的外包企业执行合同，或包赔苹果公司的损失，苹果公司因此得到法律的保护，可以有效避免损失风险。而在那些契约制度环境相当差的国家，苹果公司也许就不会如此幸运了。一旦面临违约，即便苹果公司将对方告到法院，由于东道国的法院执行契约的效率相当低，苹果公司可能需要耗费数月甚至数年的时间打官司，这将花费巨大的精力和财力。也许苹果公司此时会选择忍气吞声，不会将对方告上法庭，不过更可能发生的是它会做出更为明智的选择，即在开始就不与契约制度环境差的国家的企业合作。此外，我们还观察到在产品内分工的价值链中，越为核心的部件（往往其附加值越高）如处理器和整个产品的研发设计环节，将由位于发达国家如美国、意大利、法国的拥有研发中心的企业完成，而相对较为不发达的国家如中国，则会承接像组装这类价值链低端的工序。

四、从现象到特征——问题的提出

根据前面的分析我们可以总结出这样一个特征：这种由跨国公司主导的全球

垂直专业化生产过程中，契约制度越优秀的国家往往承接更多的垂直专业化生产（包括国际外包和 FDI），且契约制度越优秀的国家承接的专业化生产环节的附加值越高。那么，为什么呢？一国契约制度对其承接国际垂直专业化生产的影响机制是什么？

根据我们之前的分析，当代国际垂直专业化生产（或产品内分工）是由跨国公司主导的。因此，弄清这一特征的关键在于理解跨国公司的生产组织模式选择问题。这一选择问题包括两方面：一是组织边界选择，即经典的“Make or Buy”的问题：对于所需的中间投入品，企业是选择将其外包出去，从别的企业购买，还是采用垂直一体化的方式在企业内部生产？二是区位选择，即企业选择到什么地方寻找外包合作伙伴，或投资垂直一体化生产。

传统的经济和贸易理论对该问题的解释是比较无力的。这是因为：首先，传统的经济学理论抽象了企业的生产过程，认为企业是一个“黑匣子”，我们只需把生产要素放入企业，它就能为我们生产出所需的产品。这个假设在商品生产过程比较简单的时代是合理的，因为那时没有今天这么多的复杂商品生产，不涉及太多中间品的生产和交易。但当今世界存在大量的中间品贸易和跨国公司内部的国际贸易，因此我们需要一个不同于传统理论的、分析企业组织边界问题的理论。其次，传统的贸易理论也抽象了企业生产的组织模式问题，假定产品的全部生产过程都在一国内部，按照比较优势的原则进行，或者即使涉及中间品的分析，也只是将最终品分解为具有不同要素密集度的中间品，然后在比较优势的框架下分析这些中间品的生产将如何分布在具有不同资源禀赋的国家。因此，传统的贸易理论也难以解释跨国公司的生产组织模式选择问题。最后，传统的经济和贸易理论都隐含着完全契约的假设，认为合作双方的企业只要签订了契约，就一定能完全按照双方意愿执行，并未考虑契约摩擦等因素对企业的影响。

20 世纪八九十年代诞生的不完全契约理论为我们提供了一个分析该问题的思路。不完全契约理论主要用于分析企业的组织边界问题，其理论渊源要追溯到罗纳德·科斯（Ronald Coase）的经典之作——《企业的性质》。科斯认为，企业的边界取决于企业内部和外部的交易成本大小。当企业外部的市场交易成本较大时，企业将扩大边界，在内部生产所需的产品；当企业内部的交易成本（计划、调度、监管、激励等成本）较大时，企业将缩小边界，从企业外的市场中购买所需产品。科斯在文中还指出，因为未来很难被准确预期，因此关于要素（如劳动）或者商品买卖的契约时限越长，买方就越不倾向于在契约中明确规定对方的详细义务，因为这样做的成本会很大。这个分析本质上就是不完全契约问题。继科斯之后，威廉姆森（Williamson，1979）、克莱恩（Klein，1980）、萨维尔（Shavell，1980）和戴伊（Dye，1985）等都在文中明确地指出并分析了契约的不完全性问题及其带来的效率损失。而 Grossman 和 Hart（1986）、Hart 和 Moore（1990）（简称 GHM）则通过建立严格的数学模型宣告了不完全契约理论的正式创立。

根据对契约不完全带来的效率损失问题的解决思路的不同，不完全契约理论有两个最主要的分支：产权分析框架（GHM）和交易成本分析框架（TCE）。GHM 的核心思想是：由于契约是不完全的，所以关于产品质量、价格及事后分成的事项无法写入契约，因此签约双方只能在或然状态实现后通过讨价还价的方式分配事后收益。而中间品往往具有关系专用性，这导致在事后分成时存在"敲竹杠"（Hold Up）问题。当事人会在事前预期到这种"敲竹杠"问题，因此会引发其事前投资不足。剩余所有权能影响当事人在事后的讨价还价能力，拥有剩余所有权（即企业的产权）的一方往往能在事后获得更多的收益分成，但这注定以没有剩余所有权一方的分成降低为代价。最优的产权安排应把剩余所有权赋予在最终品生产中更为重要的一方，增加其事后分成和事前投资激励，以使"敲竹杠"问题导致的效率损失最小。而 TCE 则继承了科斯的"交易成本"思想，其代表人物是威廉姆森，他认为不完全契约导致的效率损失可通过市场、企业和官僚组织等治理结构（Governance Structure）来解决。选择不同治理结构的原则是使交易成本最小化，因此 TCE 被称为交易成本经济学。TCE 的核心思想是：不同的契约对应不同类型的交易，具有不同的交易成本。不同类型的交易应对应不同的治理结构，以使交易成本最小化。不同契约下不同类型的交易成本取决于交易特征（如资产的专用性）和交易环境（次数和不确定性）。因为人的有限理性和机会主义倾向，现实中的契约往往是不完全契约，而契约的不完全性程度随交易特征的不同而不同。为最小化交易成本，对于不完全性越高的契约，其对应的治理结构应该具有越多的行政命令、越弱的激励机制和越多的官僚特征。

不完全契约理论很好地解释了企业的组织边界问题，深化了人们对企业本质的认识。受其启发，Antràs（2003，2005）、Antràs 和 Helpman（2004，2006）（运用 GHM 理论）以及 Grossman 和 Helpman（2002，2003，2005）（运用 TCE 理论）等将不完全契约理论引入国际贸易理论领域，分析跨国公司的组织边界决策问题，很好地解释了不同行业的跨国公司对于 FDI 和国际外包的选择问题。

本书的研究将基于 Antràs、Helpman 和 Grossman 等的分析框架展开。与之不同的是，首先，本书综合了 GHM 模型与 TCE 模型，分别从产权和交易成本两个角度构建了南—北两国模型，分析了不完全契约下跨国公司生产组织模式选择的问题；其次，本书重点分析不完全契约情况下，契约实施制度对跨国公司生产模式的区位选择的影响机制；最后，在 TCE 框架中，我们还将不完全契约对南方国家承接中间品生产的影响分为“扩展边际”和“集约边际”。

本书通过上述分析思路试图回答我们之前提出的问题：为什么契约制度越优秀的国家往往承接越多的垂直专业化生产（包括国际外包和FDI），且为什么契约制度越优秀的国家承接越复杂的专业化生产环节？

第二节　章节安排与结构框架

基于上述分析思路，本书接下来的研究将按照以下章节展开：第二章为文献综述；第三章通过建立数学模型，较为严格地推导了契约实施制度对跨国公司垂直专业化生产区位选择的影响；第四章和第五章基于第三章的结论，分别运用国别面板数据和中国省际面板数据进行了实证检验；第六章对全书进行总结，并基于中国的现实提出了相应的政策建议。第三至五章是本书的主体，下面我们简要介绍这三章的主要内容：

第三章基于不完全契约理论，分别从产权和交易成本的视角建立了南—北两国开放经济的理论模型，基于跨国公司的生产组织模式选择问题，重点分析了南方国家契约实施制度的进步对其承接北方国家企业离岸生产的影响。此外，在TCE框架中，我们还将不完全契约对南方国家承接中间品生产的影响分为“扩展边际”和“集约边际”。

第四章基于2001～2010年36个发达国家和90个发展中国家的面板数据对第三章的主要结论进行了实证检验。在本章中，我们分别考察了契约实施制度对发达国家和发展中国家承接跨国公司离岸生产的影响，还通过分位数回归考察了契约实施制度对FDI和外包在不同分位点水平处的影响。此外，由于契约制度可能存在内生性问题，本章的实证分析中还采用了工具变量法和系统GMM方法。实证结果很好地证实了第三章的结论。

第五章基于2002～2008年中国29个省份的面板数据，考察了契约实施效率对地区FDI流入和参与国际外包的影响。本章中我们使用FGLS、工具变量法和分位数回归等方法，做出了比较细致的实证分析。同样，实证结果支持第三章的结论。通过第五章的研究我们还发现，不仅不同的契约实施制度影响跨国公司生产的区位选择，对于具有相同契约实施制度的一国内部，其地区间契约实施效率的差异也会影响地区FDI和外包。图1－4展示了本书整体的结构框架。

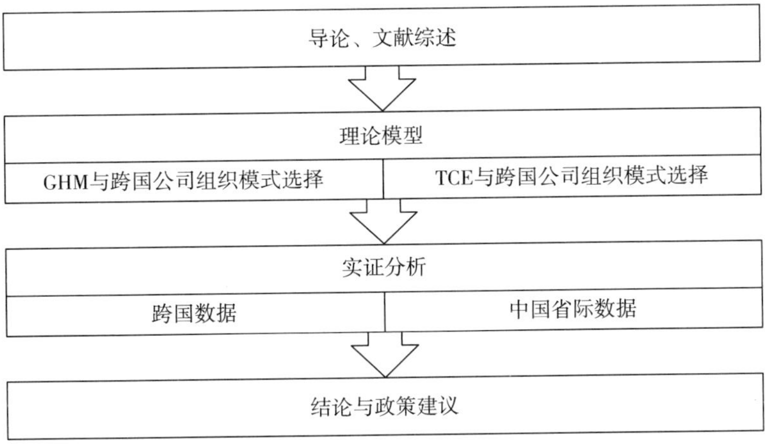

图1－4 本书的结构框架

第三节 本书研究方法、创新与不足

一、研究方法

1. 数理模型

本书以 Antràs（2003）、Grossman 和 Helpman（2003，2005）的模型为基础，借鉴不完全契约理论，分别从产权视角和交易成本视角建立数理模型，研究了契约实施制度对跨国公司生产组织模式选择的影响。具体包括局部均衡分析和比较静态分析等。

2. 描述性统计分析

本书的研究基于大量的事实数据。为了更好地使用这些数据，在做系统的计量分析之前，本书对数据进行了描述性统计分析，以便读者对本书基于数据所描述的经济现象及原理有更加直观、清晰和系统的认识，并为接下来的计量分析打下基础。

3. 计量经济学分析

基于之前的数理模型分析和描述性统计分析，本书还将进一步做定量的和更加精确的计量经济学分析，将之前的理论分析和数据分析有机地结合在一起。具体方法包括：面板数据回归、可行广义最小二乘法（FGLS）、工具变量法、系统广义矩估计（系统 GMM 方法）、分位数回归以及稳健性分析等。

二、创新点

本书基于不完全契约理论，从跨国公司生产组织模式选择问题入手，分析了契约实施制度对 FDI 和国际外包区位分布的影响，试图解释这样一个问题：为什么契约制度越优秀的国家往往承接越多的垂直专业化生产（包括国际外包和 FDI）以及越复杂的专业化生产环节？

本书的主要创新点有：

理论方面，首先，与传统的贸易理论相比，本书放弃了把企业生产过程看作“黑匣子”的假设和对契约完全性的假设，从不完全契约的角度分析了跨国公司生产组织模式选择的问题，能够解释现实世界中日益重要的跨国公司内部贸易、产品内贸易和中间品贸易等现象，丰富了理论研究。

其次，不同于 Antràs 和 Helpman 等强调不同行业的产品生产涉及契约不完全性问题，着重分析不同行业的跨国公司的组织边界选择问题（什么行业的跨国公司倾向于 FDI？什么行业的跨国公司倾向于国际外包?），本书的研究强调不同区域的契约实施制度差异通过影响契约的不完全性，进而对跨国公司的区位选择产生影响（跨国公司选择在什么地方 FDI 或外包?）。

最后，基于 TCE 框架，本书将契约实施制度对一国承接中间品生产的影响分为“扩展边际”和“集约边际”两种效应。当这个影响体现在北方国家的企业选择在南方国家生产中间品的倾向上时，为“扩展边际”；当体现在南方国家中间品生产企业的产量上时，为“集约边际”。

实证方面，首先，不同于之前关于制度与 FDI 区位分布的研究把制度看作简单的成本因素考虑，本书的研究基于第三章的理论基础，对制度影响 FDI 和外包区位分布的机制有了一定的把握，着重分析契约实施制度的作用。

其次，本书在跨国数据部分运用 2001 ~ 2010 年 126 个国家的面板数据，运用较为丰富的计量方法分别讨论了发达国家和发展中国家的情况，并基于分位数回归对变量不同分位处的情况进行了细致的分析。

最后，通过对 2002 ~ 2008 年中国 29 个省份面板数据的分析，我们发现不仅不同的契约实施制度影响跨国公司生产的区位选择，对于具有相同契约实施制度的一国内部，其地区间契约实施效率的差异也会影响地区 FDI 和外包。特别是关于地方契约实施效率对国际外包区位分布影响的实证研究，类似的文献相当少见。

此外，本书的研究还有着较强的现实意义。中国凭借丰富的劳动力禀赋、较为完善的基础设施、广阔的市场和稳定且不断进步的制度环境积极参与国际分工，FDI 与加工贸易在中国的出口乃至整个经济中占据着非常重要的地位。但中国在参与国际分工的过程中也存在不少问题，如中国企业承接的国际业务往往比较低端、利润少、资源和环境成本高等。本书的研究表明，改善契约制度环境一方面能继续保持我国吸引外资和参与外包的优势，另一方面能改善贸易和外资结构，从而提升我国企业在全球价值链中的地位，改善资源环境问题。

三、可拓展之处

尽管做出了许多努力，但本书仍有不少可拓展之处：

首先，本书的研究基于不完全契约理论，因此，不完全契约理论的前进方向也是本书的可拓展之处。本书虽然同时考虑了 GHM 与 TCE 视角下契约实施制度通过契约的不完全性对跨国公司生产组织模式选择的影响，但并未将 GHM 与 TCE 整合到统一的框架中。对于契约的不完全性，若能很好地引入谈判成本，将不完全契约内生化，则可为整合 GHM 与 TCE 提供一个可观的前景。

其次，本书的计量模型仍是基于影响因素的简约式模型，进一步的研究可考虑建立更加易于操作的数理模型，并在此基础上推导出结构化的计量模型。

最后，由于缺乏相应的数据，本书的计量部分未对数理模型部分的“扩展边际”与“集约边际”效应进行检验。如有相应的企业层面的数据，可考虑检验南方国家契约制度的不同是否既影响企业的进入决策，又影响已进入企业的产量决策。

第二章　文献综述

第一节　垂直专业化相关概念

经济学家们关于跨国公司主导的国际垂直专业化和相应的外包、FDI、企业内贸易和中间品贸易等现象的描述，在研究不同问题时往往使用不同的概念。为避免分歧，更加清楚地描述本书关心的问题，我们把描述这类现象的文章及其使用的相关概念总结如下：Findlay（1978），Hummels、Ishii 和 Yi（2001）等使用“垂直专业化”（Vertical Specialization）；Arndt（1997）等使用“生产分割”（Production Fragmentation）；Feenstra（1998）使用“全球经济中的生产分解”（Disintegration of Production in the Global Economy）和“产品分解”（Disintegration of Product）；Krugman（1995）使用“价值链切分”（Slicing the Value Chain）；Leamer（1996）使用“生产非本土化”（Delocalization）；Feenstra 和 Hanson（1996）、Groosman 和 Helpman（2002）则使用“外包”（Outsourcing，“Outside Sourcing”的缩写）。以上概念基本上是对同一种现象不同角度的描述，但由于其分析问题的角度不同，因此多少有些差异。在本书中，会根据所分析问题的角度使用相应的概念。在进行文献的梳理之前，我们将首先明确界定这些概念。

一、外包

根据 Feenstra 和 Hanson（1996）、Groosman 和 Helpman（2002）研究中的描述，外包指企业为发挥其核心业务优势，减少劳动等成本，将中间品或生产环节通过签订契约的方式交由其他企业生产，从而有效降低成本，发挥自身优势，最终提高效率。Groosman 和 Helpman（2002）进一步认为，外包行为实际上是企业寻找一个能够建立长期、稳定合作关系，值得进行专用性投资并能满足其产品特殊要求的合作伙伴。因此，外包活动并不只是简单的中间品或中间生产环节的交易。Heywood（2001）认为，外包是企业将自身的部分业务和相关资产转移到外部供应商或服务商，并要求其在给定的价格下按照规定的时间和要求提供特定的产品或服务。根据美国外包协会的定义，外包指企业通过契约的形式将自身的非核心业务和低附加值的生产环节托付给其他专门企业生产的行为。而《韦氏词典》则把外包定义为“本国的企业（包括跨国企业）要求国外的代工企业按照一定的要求生产零部件或产品的过程”。

总之，外包是企业利用自身优势和外部资源进行生产过程转移的一种企业行为。其中，跨国公司将中间品生产或中间环节转移到具有劳动成本优势的发展中国家的国际外包，是这种外包活动的重要形式。

二、中间品贸易和产品内贸易

在由跨国公司主导的全球垂直专业化生产过程中，跨国公司往往将一种产品的生产分解为多个中间品生产过程，并将不同的中间品或中间过程按照其要素密集度或契约密集度的不同分布在不同的国家进行生产。跨国公司的这种全球生产组织方式叫作产品内分工，而相对应的中间品在全球范围内的贸易则称为中间品贸易。具体地，产品内分工是指某种产品的生产被分解为不同的中间品并分布在不同国家生产的现象。不同国家生产的中间品需要以国际贸易的形式聚集到最终品生产商所在的国家，由此引发的国际贸易即中间品贸易。而这种由产品内分工所引致的中间品贸易叫作产品内贸易。

三、垂直专业化

垂直专业化的概念最早出现在 Balassa（1965）的研究中，之后由 Hummels、Ishii 和 Yi（2001）定义为企业将产品生产的不同阶段分配在不同的国家。根据 Hummels 等的定义，垂直专业化有如下三个特征：①产品被分为多个阶段连续生产；②在产品生产过程中应至少有两个国家为其提供增值服务；③其生产过程中最少有一个国家进口中间投入品，并且其生产的最终品多出口到其他国家。此外，垂直专业化还包括进口、出口两个过程，且其进口仅限于中间品或环节的进口。对于中间品贸易，能满足垂直专业化的第一个和第二个特征，但第三个特征却未必满足。因此，中间品贸易并非都属于垂直专业化，而只有当中间品的进口用于最终品的出口时，它才符合垂直专业化的概念。而对于中间品的出口，也只有当它用于将要出口的最终品生产时，才算作垂直专业化。

四、加工贸易

根据《中华人民共和国海关对加工贸易货物监管办法》（海关总署令第 113

号）规定，加工贸易是指经营企业进口全部或者部分原辅材料、零部件、元器件、包装物料（以下简称料件），经加工或者装配后，将制成品再出口的经营活动，包括来料加工和进料加工。来料加工是指进口料件由境外企业提供，经营企业不需要付汇进口，按照境外企业的要求进行加工或者装配，只收取加工费，制成品由境外企业销售的经营活动。进料加工是指进口料件由经营企业付汇进口，制成品由经营企业外销出口的经营活动。

加工贸易是许多发展中国家参与全球垂直专业化分工的重要形式。跨国公司往往将一些劳动密集型的中间品生产和中间环节（如组装环节）以外包或 FDI 的形式放在劳动力成本较低的发展中国家生产。对于发展中国家来说，其承接跨国公司的这种外包活动多为加工贸易。

五、FDI 和企业内贸易

对外直接投资（Foreign Direct Investment，FDI）指一国的投资者跨越国境，在国外或境外投入资本以获取相应的企业经营管理权，从而获取利润的投资活动。而跨国公司的母公司与其在国外的子公司之间的贸易称为企业内贸易。制造业是产生企业内贸易的主要行业，而根据 Antràs（2003）的研究，在技术密集度越高的行业，企业内贸易量占该产业总贸易量的比重越大。

第二节　古典贸易理论和新贸易理论的解释

一、产品内分工产生的原因

1. 比较优势理论和要素禀赋理论

斯密、李嘉图的比较优势理论和赫克歇尔、俄林的要素禀赋理论最初主要用于解释产业间贸易，认为各国由于要素禀赋等原因而在不同要素密集度的各产业具有相应不同的比较优势。如果一种产品的生产涉及的不同生产环节或中间品具有不同的要素密集度，则此时比较优势理论和要素禀赋理论对产业内贸易也有一定的解释力。卢峰（2004）将不同国家参与同一种产品的不同中间投入品生产或中间环节生产的现象称为“产品内分工”，以区别于传统的“产业间分工”。

当代由跨国公司主导的产品内分工，使得最终品的生产被分割为多个中间品和中间生产环节。而这些中间品或中间投入的要素密集度可能有所不同，这使得具有不同要素禀赋的国家在这些中间品或中间投入的生产上具有不同的比较优势，从而根据不同的比较优势参与国际产品内分工。Dixit 和 Grossman（1982）研究了各国承接产品内分工的情况，认为比较优势仍是决定各国参与全球垂直专业化生产和产品内贸易的重要因素。Helpman（1984）则通过建立数理模型考察了跨国企业在全球范围内进行产品生产分割的情况。研究发现，各国要素禀赋的不同使得要素价格不同，追求利润最大化的跨国公司会将不同的生产环节转移到其所使用的要素价格较低的国家或地区。Burke、Epstein 和 Chof（2004），Egger 和 StehLrer（2003）分别考察了美国和东欧等地的情况，得到了类似的结论。Glass 和 Saggi（2001）通过建立南—北国家生产的产品周期模型，发现发达的北方国家的厂商仅保留高级的生产阶段，如产品的研发，而将产品生产的初级阶段外包给南方的发展中国家的厂商。Yi（2003）则建立了一个动态的李嘉图贸易模型，认为一国根据其比较优势参与整个产品的某个特定生产环节，因此产生了国际外包活动。Gimla 和 Gorg（2004）运用英国制造业企业的微观数据进行了相应的实证分析，发现企业内工资越高的英国企业越倾向于从事外包业务，通过将中间业务外包到劳动力成本更低的国家以降低成本。

2. 规模经济理论

Krugman（1979）通过引入不完全竞争和规模经济分析了国际贸易的成因，打破了传统贸易理论关于完全竞争市场和不变规模报酬的假设。Krugman 认为，国际贸易不仅起源于比较优势，还源于规模经济。规模经济有内部规模经济和外部规模经济之分。前者指企业内部由于产量的增加使得每一单位产品分摊的固定成本降低，后者指行业规模的扩大使得单个企业的相应成本降低。各国对不同的产品有差异化的需求，而一国的市场规模不足以使得生产某种差异化产品的企业产生规模经济，所以追求规模经济的企业会供应国际市场，由此便产生了国际贸易。由于与传统贸易的解释有根本的不同，Krugman 的理论被称为新贸易理论。新贸易理论最初仍未分析将一个产品的生产分解为不同中间品或工序的情况，因此其解释的仍是产业间贸易。然而新贸易理论也可被很容易地扩展到对产品内贸易的分析。在内部规模经济方面，假设产品生产的各中间环节具有不同的有效规模，则如果企业进行一体化生产（而不是外包），就必须按照最终品的数量要求统一各环节的生产比例，因此不可能使得各生产环节同时实现规模经济；而如果企业选择将不同的生产环节外包出去，则对于承接外包的企业来说，它可以通过承接多个企业的相同中间生产环节，从而实现生产的规模经济。因此，追求利润最大化的企业可能会为实现规模经济而将不同的生产环节外包到不同的地区或国家。在外部规模经济方面，企业可以将一些中间生产环节外包给专业的承包方，而后者可因专业化生产这部分中间环节而与同类企业发生集聚，从而获取外部规模经济，降低生产成本。另外，产业集聚本身还可看作一种信号，使得最终品生产商更易找到相应的中间品生产商，还能增加“市场厚度”以降低由专用性生产导致的“敲竹杠”风险。此外，产业集聚还有利于产生技术外溢效应，降低企业研发成本。

已有的许多文献基于新贸易理论对产品内贸易进行了分析。Ethier（1982）通过研究发现，中间品专业化生产的规模收益递增和更大的市场规模是产品内贸易产生的主要原因。Jones 和 Kierzkowski（1990）认为古典的比较优势理论和新贸易理论是垂直专业化生产的理论基础，他们把这种生产过程分离并分散在不同地点的现象叫作“生产分割”（Fragmented Production）。Arndt（1997）认为，贸易自由化和生产技术的创新使生产分割成为可能，最终品的零部件可以分散在不同地点进行生产，因而产生产品内贸易。相比一体化生产，发展中国家进口中间品并开展足够规模的垂直专业化生产能获取更高的福利。垂直专业化生产增加了产出与就业，但却使工资水平降低。

二、跨国公司对外投资理论

1. 垄断优势理论

垄断优势理论由海默（1960）提出。海默认为，传统的国际投资理论假设市场是完全竞争的，这已经不符合现实要求，当今，决定美国企业对外直接投资的因素正是垄断优势，因此现在的研究需要基于不完全竞争来进行。不完全竞争被海默定义为由于一系列原因导致的偏离完全竞争的市场结构，这些原因包括产品差异化、规模经济导致的自然垄断和技术垄断等。不完全竞争的市场结构以寡头垄断为主要形式。1960～1970 年，约翰逊、凯夫斯等学者在海默的研究基础上将垄断优势理论进行了发展。约翰逊认为，直接投资的关键是知识的转移。跨国公司在东道国投资形成的子公司由于可以很容易地利用其母公司的知识资产，这为其与当地的公司竞争提供了很大的优势。而凯夫斯的研究发现，跨国公司保持市场垄断地位和垄断优势的关键在于其产品的异质化特征，而产品的异质化源于跨国公司的技术优势。尼可伯格则将寡头垄断跨国公司的博弈行为进行了扩展。

海默等提出的垄断优势理论为对外直接投资的研究提供了新的视角，并使其与传统的国际贸易和资本流动理论相互分离，对“二战”以后美国跨国公司的对外直接投资现象有很好的解释，并影响了之后的国际投资理论。

2. 产业区位转移理论

产业区位转移理论由产品生命周期理论（弗农，1966）发展而来。弗农将产品的生命周期分为三个阶段：创新阶段、成熟阶段和标准化阶段。不同阶段的生产和竞争条件等区位因素的变化导致对外直接投资的产生。具体地，产品的创新阶段主要在发达国家进行；到了成熟阶段，产品的生产逐步向发达程度其次的国家转移；在产品生产的标准化阶段，则主要由发展中国家生产。Antràs（2005）用不完全契约理论发展了弗农的产品生命周期理论，我们将在下文简述该研究的主要内容。如果说弗农的产品生命周期理论从产品生产的周期性这一“客观”现象出发，那么小岛清（1977）则基于日本的出口导向政策研究日本的对外直接投资现象，提出了所谓动态比较优势理论。该理论认为，企业的比较优势并非一成不变，而是处于动态变迁的过程中，企业的对外投资行为则是这个过程不同阶段的产物。小泽惠志（1992）也提出了自己的动态比较优势理论。他认为，跨国公司进行投资时应考虑到各国经济发展水平的差异，以发挥并最大化母国当前的以及潜在的比较优势。基于这个考虑，发展中国家的跨国公司在进行投资时应充分考虑其母国的工业化战略，综合分析跨国投资、比较优势和经济发展三方面的因素。产品生命周期理论由波特里特和高谢（1997，1998）进一步发展。他们基于产品生命周期理论提出了“创新阶段—靠近市场—竞争以减少成本”的跨国投资模式。这一模式很好地解释了发达国家跨国公司的产品和技术在国际间转移时表现出的特点。

路易斯（1983）基于发展中国家在小规模生产上的比较优势，开创了小规模技术理论。该理论指出，相对于发达国家，发展中国家的跨国公司有以下三点竞争优势：首先，它们具有针对较小市场的小规模生产技术；其次，发展中国家的跨国公司在一些民族品牌上具有比较优势；最后，由于发展中国家的劳动和土地等要素成本往往较为低廉，因此那里的跨国公司能够运用低价竞争策略。路易斯认为，世界市场的差异性使得一些规模较小、技术较为落后的跨国企业仍有存活和进行对外投资的空间。各发展中国家的跨国公司通常可以利用其母国之间相互的民族和文化共性来获取投资优势。基于这一点，发展中国家的小型跨国企业进行投资的目标国家往往是那些具有较小市场规模和收入水平的发展中国家。劳尔（1983）用所谓技术区域性理论分析了印度跨国公司的对外投资现象及其具有的优势。劳尔认为，发展中国家的跨国公司通过简单模仿便可拥有发达国家的跨国公司创造的、已经标准化了的技术，但其模仿过程中对这些技术进行了针对本土的改良和创新，并非简单复制。这种模仿过程中的改良和创新正是技术区域性理论所强调的，该理论认为发展中国家的跨国公司的投资区域比较窄，它们往往倾向于在与其距离较近的发展中国家进行投资。坎特韦尔和托伦蒂诺（1990）将小规模技术理论和技术区域性理论进一步发展，提出了所谓技术升级理论，用以解释从发展中国家流向发达国家的“逆向投资”问题。他们认为，发展中国家的跨国公司根据“心理距离”的远近，将按照附近区域国家—其他发展中国家—发达国家的优先顺序进行对外投资。

3. 交易成本理论

交易成本的概念最早由科斯（1937）提出。科斯关于无摩擦交易的暗含假设，开创了基于交易成本的企业理论。伯克里和凯尔斯（1976）以及拉格曼（1981）继承了科斯的思想，并发展出市场内部化理论。该理论认为，市场机制并非完美运行，而是存在内在的缺陷，并因此引发市场的不完全性，进而导致市场机制与技术和知识等特殊商品的矛盾。这种矛盾导致企业一体化经营，而当企业的一体化跨越国界时，便产生了跨国公司。赫尔普曼（1984）、赫尔普曼和克鲁格曼（1985）以及马库森等（1996）发现，国际贸易与国际投资之间存在一定的替代关系。他们认为，生产技术、消费偏好和资源禀赋的相似是促进国际投资的有利因素，而某国较高的贸易壁垒和国际间运输成本也倾向于促进国外的跨国公司在本国投资。市场派的一些学者如卡尔维斯、弗里德曼和卡弗斯等认为，地理距离、心理距离、市场规模和潜在经济增长率等的接近使得运输成本、信息搜寻成本较低，这与较大的市场规模以及较快的经济增长率都是进行跨国投资的有利因素。制度学派的学者如阿格道尔、伯德博斯、奥克赫尔等分析了东道国的制度因素，包括法律、政治和经济体制等对吸引外商直接投资的作用。波特、史密斯和佛罗里达、爱立信和格拉色等提出了集聚理论。根据该理论，企业由于相关经济活动的相似产生集聚，集聚现象产生的规模经济、范围经济和一些正的外部效应统称“集聚经济”。跨国公司往往会因追求集聚经济而在聚集了众多相似企业的区域进行投资。

这些文献虽然引入了“交易成本”的概念，但由于当时的交易成本理论发展尚不成熟，所以缺乏对交易成本本身的深入、系统分析，对交易成本的分析也仅限于贸易壁垒、运输成本等方面，而未与契约的不完全相结合，更没有建立起基于不完全契约的形式化分析框架（交易成本的概念由威廉姆森完善并发扬，本书之后将对此进行详细说明）。

4. 折衷理论

邓宁（1977，1981）综合海默的垄断优势理论以及伯克里和凯尔斯等的内部化理论，提出了国际生产的折衷理论。折衷理论认为，企业从事国际直接投资取决于所有权优势（Ownership Advantage）、内部化优势（Internalization Advantage）及区位优势（Location Advantage）的组合，即所谓的 OIL 模式。所有权优势主要指企业拥有或能够得到他国企业没有或者无法得到的无形资产和规模经济优势，包括技术优势、规模优势、组织管理优势和金融优势等。企业拥有所有权优势的大小直接决定了其从事国际直接投资的能力。内部化优势是指企业为了避免外部市场的不完全性对企业经营的不利影响而将企业优势保持在企业内部。当市场交易的成本，包括签约和执行契约的成本、定价和讨价还价的成本等较高时，企业倾向于通过一体化将交易内部化。区位优势是指生产地点的政策和投资环境等方面的相对优势所产生的吸引力。一般而言，形成区位优势的条件有劳动力成本、市场规模、贸易壁垒和政府政策等。区位优势不仅是影响跨国公司国际投资决策的重要因素，也是企业选择国际生产组织模式的决定因素。折衷理论的分析思路可总结为四个方面：首先，跨国公司是市场不完全的产物。市场不完全使得市场交易成本大于企业内部的交易成本，导致跨国公司拥有所有权优势，该优势是对外直接投资的必要条件。其次，所有权优势加上内部化优势能够说明跨国公司为何选择对外直接投资而不是许可证贸易。再次，所有权优势和内部化优势仍不足以说明企业为什么把生产地点设在国外而不是在国内生产并出口产品，因此必须引入区位优势，才能说明企业在对外直接投资和出口之间的选择。最后，企业拥有的所有权优势、内部化优势和区位优势决定了企业对外直接投资的动因和区位选择。

5. 价值链理论

波特（1985）通过将产品的整个生产过程描述为一条“价值链”，提出了价值链理论。波特认为，“每一个企业都是在设计、生产、销售、发送和辅助其产品的过程中进行种种活动的集合体。所有这些活动可以用一个价值链来表明”。根据性质的不同，企业的这些生产活动可以分为两种：与产品生产直接相关的生产作业活动、后勤服务以及市场和销售活动等称为基本活动；与产品生产间接相关的研发活动、原料和中间品采购、企业基础设施建设和相关管理活动等称为辅助活动。这些活动密切相关、积极互动，共同构成了企业创造价值的动态过程，这个动态过程即所谓产品生产的“价值链”。根据价值链理论，企业间的竞争本质上是价值链的竞争，而不是仅限于某个生产环节。因此，企业若想实现竞争力和利润的最大化，就应充分利用整个世界范围的生产优势，使整个价值链中各个环节的生产效率达到最大。

第三节　不完全契约理论的解释

国际贸易理论从诞生到现在大致可以划分为四个阶段：古典贸易理论、新古典贸易理论、新贸易理论和新新贸易理论。本章前面部分提到的关于国际贸易和投资的文献多属于古典和新古典贸易理论分析框架。这些文献多假设产品的生产在企业这个“黑匣子”完成，国际间的贸易依其比较优势，或为追求规模经济而进行，并不重视产品的生产过程；或者即使分析生产过程，也只是简单地把产品生产分成不同的生产环节，类似于对不同产品的处理。这些文献并未重视在整个产品生产链条中各分工企业间的契约摩擦，更未分析这种契约摩擦对企业生产组织模式选择的影响。这种“忽视”的背后其实有着深刻的原因。经济理论的发展往往伴随着经济现实的发展，国际贸易理论也不例外。在古典和新古典贸易理论阶段，世界各国的市场多为以小型企业为主的完全竞争市场，国际贸易的主要形式是产业间贸易，古典和新古典贸易理论用比较优势理论和要素禀赋理论就能对这种产业间贸易有较好的解释。而随着国际贸易和分工不断发展、深化，国际贸易的主要形式由产业间贸易转变为产业内和产品内贸易，古典和新古典贸易理论的解释力逐渐下降，于是新的贸易理论应运而生。

随着国际贸易和分工的进一步发展，企业的国际化行为不断深入，跨国公司成为当前国际贸易格局的主导力量。当今世界的国际贸易表现出许多鲜明的特征：第一，仅选择供应国内市场而不出口的企业仍占大多数。第二，对于那些供应国际市场的企业，有些选择出口的方式，而另一些则选择对东道国直接投资的方式设立子公司开展业务。第三，从企业边界的角度看，跨国公司主要采用两种方式组织生产：一是在企业边界内组织产品各环节的生产和交易，即采用一体化的生产组织方式（表现在国际市场上为 FDI）；二是从企业边界外的其他企业采购中间品或将产品生产的中间环节外包给其他独立企业，即采用外包的生产组织方式。那么，为何有的企业选择出口，而有的企业仅供应国内市场？为何不同行业、不同规模和生产率的企业会采用不同的供应国际市场的方式和生产组织方式？跨国公司为何选择到 A 国而不是 B 国投资或寻找国际外包合作商？这些现象和特点的背后一定有某些经济学原理的支配。然而，传统的经济和贸易理论对该问题的解释是比较无力的。这是因为，首先，传统的经济学理论抽象了企业的生产过程，认为企业是一个“黑匣子”，我们只需把生产要素放入企业，它就能为我们生产出所需的产品。这个假设在商品生产过程比较简单的时代是合理的，因为那时没有今天这么多的复杂商品生产，不涉及太多中间品的生产和交易。但当今世界存在大量的中间品贸易和跨国公司内部的国际贸易，因此我们需要一个不同于传统理论的、分析企业组织边界问题的理论。其次，传统的贸易理论也抽象了企业生产的组织模式问题，假定产品的全部生产过程都在一国内部，按照比较优势的原则进行；或者即使涉及中间品的分析，也只是将最终品分解为具有不同要素密集度的中间品，然后在比较优势的框架下分析这些中间品的生产将如何分布在具有不同资源禀赋的国家。因此，传统的贸易理论也难以解释跨国公司的生产组织模式选择问题。最后，传统的经济和贸易理论都隐含着完全契约的假设，认为合作双方的企业只要签订了契约，就一定能完全按照双方意愿执行，并未考虑契约摩擦等因素对企业的影响。

值得庆幸的是，2003 年以来，经济学家们以企业异质性为前提，创立了分析产品内分工模式和企业生产组织方式的理论——新新贸易理论（New - New Trade Theory）。新新贸易理论的研究文献肇始于 Melitz（2003）、Antràs（2003）

以及 Bernard 等（2003），而新新贸易理论这一概念则由 Baldwin 和 Nicoud（2004）提出。该理论以微观企业为研究对象，以企业异质性为前提，着重分析企业的全球生产组织模式和相应的贸易与投资行为，因而可以很好地解释最新的国际贸易和投资现象。该理论最显著的特征在于假设企业是异质性的（异质性主要指企业生产率的差异）。新新贸易理论根据侧重的研究角度可以分为两个方向：一是异质性企业贸易理论（Heterogeneous - Firms Trade，HFT），以 Melitz（2003）为代表，侧重于分析企业的国际化路径选择问题（企业选择供应国际市场还是仅供应本国市场？企业供应国际市场的方式是出口还是在目标国进行 FDI?）；二是企业内生组织边界理论（Endogenous Boundary Theory of the Firm），以 Antràs（2003）为代表，主要研究企业全球生产组织模式选择问题（企业选择完全在企业边界内部组织整个产品的生产还是选择将部分生产环节或中间业务外包给其他企业？即企业组织边界选择问题。企业选择在何地进行一体化投资或寻找外包合作伙伴？即区位决策问题）。

Antràs（2003）基于不完全契约理论分析了跨国公司的生产组织模式选择问题，首次将不完全契约理论与国际贸易理论相结合。本书的研究正是基于 Antràs（2003）等文献的分析，试图解释跨国公司的生产组织边界选择和区位选择问题，并着重考察一国契约实施制度对跨国公司在该国区位选择的影响。

一、不完全契约理论简介

契约，俗称“合约”或“合同”。契约有狭义和广义之分。狭义的契约指当事双方签订的具有法律效力的协议，包括债权契约（如买卖）、物权契约（如所有权转移登记）及身份契约（如结婚）等。广义的契约则广泛包括各种显性和隐性、正式和非正式的约定或承诺。契约规定着利益双方在权利与义务方面的双向依存关系，是市场经济赖以运行的基础。若契约中能明确规定签约双方的责任与义务，如买卖契约中的产品价格、质量，且具有约束力，可保证得到执行，则为完全契约。20 世纪 70 年代以来，Alchian 和 Demsetz（1972）、Jensen 和 Meckling（1976）、Ross（1973）、Mirrlees（1974）、Holmstrom（1979）及 Grossman 和 Hart（1983）等建立了基于完全契约的契约理论，用以分析信息不对称条件下的收入转移问题和有不同风险偏好的当事人之间的风险分担问题。但在当事人可以通过完美的资本市场进行跨期选择，且为风险中立的情况下，契约理论便无用武之地。Crawford（1988）引入“资产专用性”（Asset Specificity）来解决这一问题，指出在存在资产专用性的情况下，完全的长期契约仍优于短期契约。

然而，“资产专用性”的引入并未使该问题得到完全解决。如果长期契约优于短期契约，后者就没有存在的理由，但事实并非如此。那么，是什么原因导致短期契约没有完全被长期契约取代呢？也就是说，较之短期契约，签订长期契约有哪些额外的成本？威廉姆森和哈特等经济学家用有限理性和交易费用来解释现实中契约不完全的原因。Tirole（1999）将契约不完全的原因概括为以下三类成本：①预见成本。有限理性的存在使得签约当事人无法预见将来的全部或然状态。②缔约成本。即使当事人能够预见到所有或然状态，也无法以一种双方没有争议的语言写入契约，或者这么做的成本太高。③证实成本。契约中的重要信息对于双方当事人是对称的，但该信息无法被法庭、私人组织等第三方所证实。

经济学家们出于契约不完全性的考虑，建立了不完全契约理论（Incomplete Contracting Theory）。不完全契约理论主要用于分析企业的组织边界问题，其理论渊源要追溯到罗纳德·科斯的经典之作《企业的性质》。继科斯之后，威廉姆森（Williamson，1979）、克莱恩（Klein，1980）、萨维尔（Shavell，1980）和戴伊（Dye，1985）等都在文中明确地指出并分析了契约的不完全性问题及其带来的效率损失。而 Grossman 和 Hart（1986）、Hart 和 Moore（1990）（简称 GHM）则分别从合作博弈和非合作博弈的角度，通过建立严格的数学模型宣告了不完全契约理论的正式创立。根据 GHM，不完全契约导致投资低效率的机制是：契约的不完全导致专用性投资在事前无法写入契约，事后收益的分配只能通过再谈判的方式进行，而这种再谈判因资产专用性而具有双边锁定的特征。在或然状态实现之后，这种再谈判会使进行专用性投资的一方面临被对方“敲竹杠”（Hold Up）的风险，即由于没有关系外选择，投资者的部分投资收益将被对方攫取。而这种“敲竹杠”风险如果被投资者事先预计到，就会导致其投资低于效率水平。

那么，如何缓解这种投资不足的局面？20 世纪 80 年代以来，经济学家们用大量文献对契约不完全导致投资不足的问题进行了分析，并试图寻求解决之道。根据提供的解决方式的不同，可以将这些文献分为五类视角（聂辉华，2006）：①法律干预视角。指国家或法律机关通过立法或者司法程序来弥补由于契约不完全所造成的效率损失。②赔偿视角。指违约方需补偿对方损失的相应收益。③交易成本视角。以 Williamson 和 Klein 为代表，主张通过市场、企业或科层以及混合形式和官僚组织等多种治理结构（Governance Structure）来解决契约不完全导致的“敲竹杠”问题。治理结构的选择以最小化交易费用为宗旨，因此这一学派也称为交易费用经济学。④产权视角。由于契约是不完全的，因此除了可以事前规定的具体权利之外，契约中还有事前无法规定的剩余权利，即所谓剩余控制权（Residual Rights of Control）。剩余控制权直接来源于对物质资产的所有权。一方拥有的资产越多，就拥有越多的外部选择、剩余控制权和谈判力，得到的剩余也就越多，因此事前的专用性投资激励就越强。产权视角的不完全契约理论由 Grossman 和 Hart（1986）、Hart 和 Moore（1990）开创，因此也被称为 GHM 理论。⑤履约视角。该理论认为利用机制设计的思想，通过一种简单的选择性契约（Option Contract）或者再谈判设计，可以实现社会最优的专用性投资水平。

产权视角中的剩余控制权即所有权，它与交易成本理论中的“治理结构”都涉及企业的组织边界，所以不完全契约理论能够很好地解释企业边界问题。Antràs（2003）正是基于GHM的思路，结合Helpman－Krugman（1985）在垄断竞争条件下的贸易模型，考察契约不完全情况下跨国公司的生产组织模式选择问题。此后，Grossman和Helpman（2002，2003，2005）又将TCE引入国际贸易分析。接下来，我们将分别从GHM和TCE的角度对不完全契约与跨国公司组织边界选择的相关经典文献进行梳理。

二、不完全契约理论与跨国公司组织边界选择

1. 不完全契约、产权与企业组织边界选择

GHM的核心思想是：由于契约是不完全的，所以关于产品质量、价格及事后分成的事项无法写入契约，因此签约双方只能在或然状态实现后通过讨价还价的方式分配事后收益。而中间品往往具有关系专用性，这导致在事后分成时存在“敲竹杠”问题。如果当事人在事前预期到这种“敲竹杠”问题，则会引发其事前投资不足。剩余所有权能影响当事人在事后的讨价还价能力，拥有剩余所有权（即企业的产权）的一方往往能在事后获得更多的收益分成，但这注定以没有剩余所有权一方的分成降低为代价。最优的产权安排应把剩余所有权赋予在最终品生产中更为重要的一方，增加其事后分成和事前投资激励，以使“敲竹杠”问题导致的效率损失最小化。

最早把不完全契约理论引入国际贸易领域的文献是Antràs（2003）。Antràs的研究基于GHM视角，结合Helpman和Krugman（1985）在垄断竞争条件下的贸易模型，考察契约不完全情况下跨国公司的生产组织模式选择问题。在Antràs的模型中，有两个产品存在异质性且具有不同资本密集度的行业。假设要素价格相同，最终品不可贸易，只有中间投入品参与国际贸易。由于契约是不完全的，因此关系专用型中间品生产商的收益无法事先写入契约，其只能通过事后与购买方的讨价还价实现收益。但由于中间投入具有关系专用性，因此其生产商在事后的讨价还价中面临“敲竹杠”的风险。中间品生产商如果事先预期到“敲竹杠”的风险，会导致其投资低于有效率的水平。为鼓励其进行投资，最终品生产商会在事前支付一定数量的保证金。当保证金的数额大到一定程度时，则相当于最终品生产商进行一体化投资；反之，如果所需投入较少，则相当于最终品生产商把中间品外包给其他厂商。

Antràs（2005）把Vernon（1966）的产品生命周期理论与GHM模型相结合，

构建了不完全契约影响产品生命周期和组织形式演变周期的南—北贸易模型。他指出，国际贸易中的契约不完全是阻碍生产过程在世界范围展开的主要原因，并导致产品周期的出现。契约的不完全性使得契约中很难明确规定和补偿研发活动，假设南方国家的契约环境比北方国家差，但劳动成本更低，则北方国家公司需要在南方国家低劳动成本的优势与更差的契约环境所产生的更大扭曲之间进行权衡。结果是：新产品价值链上的每个环节都在北方国家进行；随着技术的逐渐成熟，其零部件通过 FDI 转向在南方国家生产；当产品生产完全成熟时，零部件外包给南方国家的供应商生产。

Antràs 和 Helpman（2004）将 Melitz（2003）的异质性企业贸易模型与 GHM 模型相结合，全面分析了不完全契约条件下生产率水平不同的企业对本地一体化、FDI、本地外包和国际外包的选择问题。假设南方国家工资低，劳动是唯一生产要素，最终产品在北方国家完成，元件生产可以在南方国家也可以在北方国家完成。所有生产成本都被假设为关系专用性的。依据产权理论，组织形式取决于总部服务的重要性，部门不同，则总部服务不同。总部密集度高的部门会选择垂直一体化，以激励总部提供这些服务；否则，将选择外包，因为外包会提高元件生产的激励。

Antràs 和 Helpman（2006）允许存在不同程度的契约不完全性或契约摩擦，且契约摩擦的程度因不同的投入品和国家而异，这是对 Antràs 和 Helpman（2004）异质企业国际生产组织模型的普遍化。异质性企业决定在本国还是外国进行一体化或者外包生产中间投入品。最终品生产商和中间投入供应商进行关系专用性投资，投资活动只有部分可事先签约。在均衡状态下，不同生产率水平的企业选择不同的组织形式，这与 Antràs 和 Helpman（2004）的观点一致。

2. 不完全契约、交易成本与企业组织边界选择

TCE 理论继承了科斯的“交易成本”思想。其代表人物是威廉姆森，他认为不完全契约导致的效率损失可通过市场、企业和官僚组织等“治理结构”（Governance Structure）来解决。选择不同治理结构的原则是使交易成本最小化，因此 TCE 被称为交易成本经济学。TCE 的核心思想是：不同的契约对应不同类型的交易，具有不同的交易成本。不同类型的交易应对应不同的治理结构，以使交易成本最小化。不同契约下不同类型的交易成本取决于交易特征（比如，资产的专用性）和交易环境（次数和不确定性）。因为人的有限理性和机会主义倾向，现实中的契约往往是不完全契约，而契约的不完全性程度随交易特征的不同而不同。为最小化交易成本，对于不完全性越高的契约，其对应的治理结构应该具有越多的行政命令、越弱的激励机制和越多的官僚特征。

Grossman 和 Helpman（2002）构造了一个企业内生组织边界的产业组织模型。差异化的最终消费品既可以由一体化生产的企业提供，也可以由不同的专业

化的企业分工生产。每种消费品的生产都需要一种特定的投入品（零部件）。一体化生产的企业可以自己制造本身所需要的零部件，但它面临相对较高的治理成本；专业化分工的企业生产零部件的成本较低，但面临较高的搜寻成本，且面临潜在的“敲竹杠”问题。在这些条件下，均衡状态下的企业组织形式取决于企业间匹配信息搜寻技术的进步、“市场厚度”（即最终消费品的可替代性）以及双方的谈判力量。

Grossman 和 Helpman（2003）进一步将模型扩展到国际市场，分析了均衡状态下国际外包和对外直接投资之间的关系。模型中假设企业只在北方国家设计和组装最终品，南方国家以承接国际外包或 FDI 的方式生产零部件。国际外包相对 FDI 生产效率高，但存在不完全契约导致的扭曲（生产中间品的投资不足）。均衡状态下的企业组织形式取决于市场规模、双方的技术距离、契约环境、东道国供应商的生产效率和相对工资水平。

Grossman 和 Helpman（2005）建立了一个产业均衡模型，专门分析国际外包和国内外包的权衡取舍问题。模型假设北方国家的最终品生产企业必须外包部分生产活动；北方国家契约制度完善、技术先进但工资成本较高，南方国家契约制度不完善但劳动力成本较低。在这些条件下，企业外包的区位选择取决于投资效率、市场规模、信息搜寻技术和契约制度环境等因素。

3. GHM 与 TCE 的对比

根据以上分析，同时作为不完全契约理论分支的 GHM 与 TCE 有着密切的联系。二者的共同点为：都认为因契约不完全产生的“敲竹杠”问题导致最终品生产商和中间品供应商的事前投资扭曲。主要区别是：TCE 模型把纵向一体化的成本和收益用固定的“治理成本”解释，认为一体化可避免因契约不完全导致的供应商专用性投资不足；GHM 模型则将一体化的成本和收益内生化，认为最优的所有权结构应最小化投资不足导致的剩余损失，而剩余所有权的归属非此即彼，因此一体化并不能使契约不完全问题得到完全解决。

本书的研究将基于 Antràs、Helpman 和 Grossman 等的分析框架展开。与之不同的是，首先，本书综合了 GHM 与 TCE 模型，分别从产权和交易成本两个角度构建了南—北两国模型，分析不完全契约下跨国公司生产组织模式选择的问题；其次，本书重点分析了不完全契约情况下，契约实施制度对跨国公司生产模式的区位选择的影响机制；最后，在 TCE 框架中，我们还将不完全契约对南方国家承接中间品生产的影响分为“扩展边际”和“集约边际”。

本书通过上述分析思路试图回答我们之前提出的问题：为什么契约制度越优秀的国家往往承接越多的垂直专业化生产（包括国际外包和 FDI），且为什么契约制度越优秀的国家承接越复杂的专业化生产环节？

第三章　不完全契约与跨国公司组织边界选择

——理论模型

第一节　产权视角的理论分析（GHM 框架）

企业在进行专业化生产时面临着以何种方式生产企业所需的中间品的问题，即经典的“自制还是购买”（Make or Buy）问题。对于跨国公司，把生产链条部分转移到国外生产可以利用国外的廉价劳动力，但这同时将要求更高的固定成本投入。跨国公司向国外转移生产链条可以采取两种方式：对外直接投资和外包。具体地，可以采用绿地投资或并购方式进行 FDI，取得对国外中间品生产机构的所有权和控制权；也可以向国外独立的企业购买所需的中间投入品，即采用外包的组织模式。FDI 与外包两种方式的主要区别有：

首先，FDI 的方式使最终品生产商获得被投资企业的所有权和控制权，从而在收益分成时获得谈判优势；而在外包的方式下，最终品生产商并不拥有接包商的控制权，其与接包商的关系是平等的独立企业之间的关系，是通过外包合同相联系的契约关系。这是两种生产组织方式之间最重要的区别。

其次，进行 FDI 的企业总部直接参与被投资企业的生产管理活动，这需要大量物力和人力资本投入；而在外包时虽然发包企业（最终品生产商）往往也会给接包企业一定的技术指导，甚至提供资金，但其规模与直接投资方式相比要小得多。

两者的共同点在于，无论何种情况下，最终品生产商均能从一定程度上对中间品生产商的生产经营活动产生影响。

在契约不完全的情况下，除可契约化的权利之外，决定资源配置的是那些无法写入契约的资产控制权力，即剩余控制权。Antràs、Helpman 等的 GHM 框架假定契约的不完全性是普遍存在的，且只与行业的中间品使用特征有关；或者假定南北国家之间存在契约制度差异，而不考虑南方国家契约制度改善对企业生产组织方式和区位选择的影响，并在此前提下研究剩余控制权的配置问题。在本章模型的分析中将包括南方国家制度进步对中间投入品生产区位选择的影响。

我们分别借鉴 Antràs（2003）、Antràs 和 Helpman（2006）的研究，分别讨论考虑和不考虑契约实施制度的情况。我们将在模型中同时引入生产和消费，建立一个较为统一的分析框架。

一、GHM 框架的核心思想

首先，我们将对模型做出基本的假设和说明。生产方面：差异化的最终品 y 由两种中间品 h 和 m 生产而成，其中，h 为资本密集型产品，可定义为“总部服务”，m 为劳动密集型产品。跨国公司 H 负责生产中间品 h 和最终品 y，并且做出一体化还是外包生产中间品 m 的决策。m 的生产者为 M（M 可以是 H 的代理人，也可以是独立的公司）。m 的生产成本为 c_m，h 的生产成本为 c_h，并假设 c_m 和 c_h 均为外生。

最终品生产商视其他厂商的行为既定，决定如何组织 y 的生产。y 的需求函数为：

$$y = \lambda p^{-1/(1-\alpha)} \qquad 0<\alpha<1 \tag{3-1}$$

其中，p 为商品 y 的价格，λ 为常数。y 的生产函数为柯布—道格拉斯形式：

$$y = \left(\frac{h}{\eta}\right)^{\eta}\left(\frac{m}{1-\eta}\right)^{1-\eta} \qquad 0<\eta<1 \tag{3-2}$$

其中，η 代表总部生产的中间投入品使用的密集度。η 越大，生产 y 就越密集地使用总部服务 h。

这里，我们先不考虑契约实施制度的区域（国别）差异，认为契约的不完全是普遍存在的，且只与产品的行业特征有关。假设生产 h 和 m 的边际成本都为常数，分别用 c_h 和 c_m 表示。此外，y 的生产需要一个固定成本 $f\times g(c_m,\ c_h)$。假设 h 和 m 都是专用性的中间品，为不失一般性，我们假设它们的关系外价格为 0。

我们先考虑封闭经济的情况，所涉产品的生产均在同一个国家进行。我们将忽略厂商的区位选择，而仅考虑企业的控制权（一体化还是外包生产）问题。在这里我们用字母 V 代表垂直一体化，用字母 O 代表外包。

根据 Grossman 和 Hart（1986），契约是不完全的，事前（如在中间投入品被生产出来之前）可契约化的只有剩余权的分配（所有权结构）和双方企业间的一次性支付金额，而对于特定中间品的特征和价格进行详细说明的契约是不可执行的。因此，H 和 M 只有在中间投入品被生产出来之后进行讨价还价来分配收益。假设事后的讨价还价遵循纳什议价原则，H 的分成为 $\beta \in (0,\ 1)$，相应的 M 的分成为 $1-\beta$。另外，假设在事前 H 面临的潜在的 M 供应市场为完全弹性，这能确保 H 以最小的成本获取 M 的产品。

与科斯和威廉姆森的交易成本视角不同，产权视角的理论假设无论是外包还是一体化，都存在事后的讨价还价问题。但生产组织方式的不同影响事后收益的分配，因为对于 H 来说，拥有 M 所有权时的关系外选择要比不拥有 M 所有权时的大。在外包时，任意一方毁约将导致双方的收益均为 0；在 H 一体化生产 m 时，H 购买了产品的剩余产权，此时如果在投入沉没成本之后 M 拒绝将 m 出售给 H，H 有权将 M “炒鱿鱼” 并直接使用 m 生产的最终品。另外，为确保事后的交易能产生正的收益，我们还假设由 M 生产 m 要比 H 有效率，因此 H 辞退 M 时将面临 $1-\delta$ 倍最终品收益的损失。

由（3－1）式和（3－2）式可以得到出售最终品 y 的收益表达式：

$$R(h,\ m)=\lambda^{1-\alpha}\left(\frac{h}{\eta}\right)^{\alpha\eta}\left(\frac{m}{1-\eta}\right)^{\alpha(1-\eta)} \tag{3-3}$$

我们假设 R（h，m）满足稻田条件，即 $R_h>0$，$R_m>0$，$R_{hh}<0$，$R_{mm}<0$，另外我们假设 $R_{hm}>0$，即 y 的生产满足边际替代率递减规律。

在事后的讨价还价之后，外包的情况下 H 所获收益的比例为 $\beta=\beta_O$，一体化的情况下 H 所获收益的比例为 $\beta_V=\delta^{\alpha}+\beta(1-\delta^{\alpha})>\beta_O$。显然，选择一体化还是外包的问题可以转化为下式中求解最优 k^* 的问题：

$$\begin{aligned}
&\max_{k\in\{V,O\}}\pi_k=R(h_k,\ m_k)-c_h h_k-c_m m_k-f\times g(c_m,\ c_h)-\bar{U}\\
&\text{s.t.}\\
&h_k=\arg\max_{h}\{\beta_k R(h,\ m_k)-c_h h\}\\
&m_k=\arg\max_{m}\{(1-\beta_k)R(h_k,\ m)-c_m m\}
\end{aligned} \tag{3-4}$$

其中，π 代表出售最终品 y 的总体利润，R 的表达式由（3－3）式给出，$\bar{U}$ 代表 M 的外部选择收益，中间投入品 h 生产者的利润为 $\beta_k R(h,\ m_k)-c_h h$，m 生产者的利润为 $(1-\beta_k)R(h_k,\ m)-c_m m$，最优的投资将使利润 π 最大化。

由（3－4）式我们也可看出，只要 β 在 0 和 1 之间取值，则 H 和 M 都因不能获得全部应得收益而对其生产造成不完全激励，h 和 m 的产量无论是在外包还是在一体化情况下都无法达到最优，这就是所谓的“敲竹杠”问题。GHM 模型提供的一个解决思路是：将剩余所有权分配给对最终品的生产更为重要的一方（例如，如果 $\eta>1/2$，则将剩余所有权分配给 H，此时应一体化；反之，则分配给 M，进行外包），以使其在讨价还价中获取更有利的地位，从而获得更大的收益分成 β。但这必将使另一方的收益分成减少，从而不利于另一方提供的中间品的生产。总之，鱼和熊掌不可兼得，没有十全十美的解决办法。

由于最优的收益分成比例对应着相应的最优产权安排，我们可以通过求最优的β^*来间接求得最优的k^*。对H和M的利润表达式分别关于h、m求一阶导数，得出最优的h_k和m_k，代入最终品利润表达式π，求出最优的分成比例β^*的关系式为：

$$\frac{\beta^*}{1-\beta^*}=\frac{\eta_{R,h}\xi_{h,\beta}}{\eta_{R,m}(-\xi_{m,\beta})} \tag{3-5}$$

其中，

$$\eta_{R,j}\equiv\frac{jR_j(h,\ m)}{R(h,\ m)}$$

$$\xi_{j,\beta}\equiv\frac{dj}{d\beta}\frac{\beta}{j}\qquad j=h,\ m$$

为简化分析，我们把（3－3）式简写为：

$R(h,\ m)=Ah^{\eta_h}m^{\eta_m}$（此式符合柯布—道格拉斯形式，且符合迪克希特—斯蒂格利茨型的不变需求弹性的偏好）

则（3－5）式可简化为以下形式：

$$\frac{\beta^*}{1-\beta^*}=\sqrt{\frac{\eta_h/(1-\eta_h)}{\eta_m/(1-\eta_m)}}$$

由于β^*决定了是采取垂直一体化还是外包的形式，因此我们可以得出结论：

命题1：存在唯一的$\hat{\eta}\in(0,\ 1)$，使得对于所有的$\eta>\hat{\eta}$，一体化优于外包；对于所有的$\eta<\hat{\eta}$，外包优于一体化。

这个命题是Grossman和Hart（1986）即GH模型的核心思想。简言之，剩余所有权应在事先分配给中间品投资相对重要的提供商。如果最终品密集使用中间投入品m，则最终品生产商H投资的边际产品相对较低，因此最优的产权安排是把剩余产权分配给M，以使契约的不完全对M造成的事先投资扭曲最小化，从而使M生产出相对有效率的m产量，此时相当于采用外包的形式；相反，如果最终品密集使用中间投入品h，则最优解是使H拥有剩余所有权，此时生产企业采用垂直一体化的形式。

Antràs（2003）认为，总部服务h是资本密集型（相对m为劳动密集型而言）的产品。因此，命题1可以表述为：当最终品的生产使用资本密集型中间投入品的密集程度达到或超过一定的水平时，最优的产品生产组织方式为垂直一体化；反之，应为外包。进而，我们得到如下推论：

推论1：资本密集型产品的生产相对倾向于采取一体化的形式，而劳动密集型的产品往往采用外包形式组织生产。

二、考虑契约实施制度差异和影响的扩展

本部分我们将基于GHM的分析思路，建立一个消费、生产的统一分析框架，综合分析契约实施制度、固定成本、工资和总部服务密集度等因素对企业组织边界决策的影响，并重点分析契约实施制度的优劣对企业生产的激励作用。

模型假设有两个国家，北方国家 N 和南方国家 S，北方国家有资本和劳动两种生产要素，而南方国家只有劳动一种生产要素。市场中有同质化产品 y 和差异化产品 x。同质化产品市场完全竞争，且在两国之间没有关税壁垒，可自由贸易。同质化产品的生产仅需劳动一种生产要素，且仅需1单位。北方国家的同质化产品生产率高于南方国家，因此其工资也高于南方国家，即 $w_N > w_S$。差异化产品 x 的市场为垄断竞争市场，其生产需要两种中间投入：h 和 M。h 的生产需要资本和劳动两种生产要素，因此只能由北方国家生产；关系专用型中间产品 M 的生产需要劳动一种要素，且只在南方国家生产。由于南方国家只有劳动一种生产要素，所以只有北方国家才存在差异化最终品生产厂商（可以理解为跨国公司母公司或总部）。南方国家不能生产差异化产品 x，但可以生产其专用性中间投入品 M。差异化最终品生产商所需的中间投入品可以通过对外直接投资的形式建立子公司进行一体化生产，也可将其生产外包给南方国家的中间品生产商。

假设生产所需的中间品都是关系专用型产品，其关系外价值为0。再假设南方国家的契约是不完全的，即最终品生产商与中间品生产商之间无法签订契约，详细说明中间品的价格和质量。因为一旦事先签约明确说明中间品的价格和质量，而产品质量无法由第三方识别，则中间品生产商会以更低的成本生产更低质量的产品，最终品生产商将不得不以事先约定的较高价格购买低质量的中间品并因此受损，此即所谓“敲竹杠”问题。此外，还存在最终品生产商“敲竹杠”中间品生产商的情况，即最终品生产商会在中间品 M 被生产出来之后要求对 M 重新定价（压低价格），因为特定中间投入品 M 的关系外价值为0。在这种情况下，如果中间品生产商事先预期到这种“敲竹杠”行为，则其事先投资会低于有效率的量。事后剩余收益的分配受组织模式的影响。在外包这种组织模式下，中间品生产商是独立企业，其拥有中间品的所有权。此时如果双方事后未取得一致意见，最终品生产商将无法获得中间品。在这种情况下，事后的剩余收益为双方共同的潜在利润。假设双方的事后谈判为纳什议价过程，最终品生产商获取的事后剩余比例为 $\phi \in (0, 1)$，相应地，中间品生产商获得剩下的 $1-\phi$ 部分。与外包的情况不同，一体化的最终品生产商拥有剩余控制权，最终品生产商可以在事后选择将中间品生产者解雇并没收其中间品。我们假设最终品生产商将中间品生产者解雇，其会有部分效率损失，只能得到中间品价值的 $\delta \in (0, 1)$ 比例。

我们还假设最终品生产商无论是采用FDI还是采用外包的形式进入国外市场，都需要一个固定成本。在FDI的情况下该固定成本为F_V，在外包的情况下该固定成本为F_O。根据之前的分析，$F_V > F_O$。独立的中间品生产商由于专业化生产，具有规模经济效应，因此其劳动生产率大于一体化的中间品生产者。假设对于特定中间品生产环节m_j，独立的中间品生产商需要a单位劳动，一体化的生产商则需要λa单位劳动($\lambda > 1$)。

为了更清晰地把握分析思路，我们梳理了最终品和中间品生产商的活动顺序：

（1）t_0时刻，最终品生产商选择在南方国家进行中间品的生产，并决定剩余所有权（即做出FDI或者外包的选择），中间品生产商缴纳质量保证金T。

（2）t_1时刻，双方决定各自的产量h和M，并进行关系专用型投资，产生沉没成本。

（3）t_2时刻，最终品生产商规定中间品的特征，由中间品生产商进行生产。中间品的质量可能高也可能低。

（4）t_3时刻，双方检查中间品的质量，并进行谈判，划分事后剩余收益。

（5）t_4时刻，最终品生产商完成最终品的生产并销售，以实现利润。

另外，为简化分析，我们假设不同时刻之间不存在贴现问题。

1. 消费

代表性消费者消费同质化产品y和差异化产品x，其效用函数为柯布—道格拉斯形式：

$$U = X^{\mu} Y^{1-\mu},\ 0 < \mu < 1 \tag{3-6}$$

其中，X为差异化产品的消费指数，Y为同质化产品的消费指数。μ表示消费差异化产品的支出占总支出的份额。由于x是差异化产品，所以对x的消费为不同差异化产品的消费组合，假设X的表达式为CES形式的函数：

$$X = \left(\sum_{i=1}^{n} x_i^{1-\frac{1}{\sigma}}\right)^{\frac{1}{1-\frac{1}{\sigma}}}, \sigma > 1 \tag{3-7}$$

其中，σ表示不同的差异化产品之间的替代弹性，i表示差异化产品的种类数量。消费者效用最大化问题可以描述为：

$$\max U = X^{\mu} Y^{1-\mu}$$
$$\text{s. t. } P_X X + P_Y Y = E \tag{3-8}$$

其中，P_X表示差异化产品组合的价格指数，P_Y为同质化产品价格，E为消费者总支出。上述最优化问题的解为：

$$Y = (1-\mu) E / P_Y \tag{3-9}$$

$$X = \mu E / P_X \tag{3-10}$$

现求消费者对某类差异化产品 x_i 的需求函数。

求解消费者最小化支出问题：

$$\min \sum_{i=1}^{n} p_i x_i$$

$$\text{s.t. } X = \left(\sum_{i=1}^{n} x_i^{1-\frac{1}{\sigma}}\right)^{1/(1-1/\sigma)}$$

构造拉格朗日函数：

$$L = \sum_{i=1}^{n} p_i x_i - \lambda\left[\left(\sum_{i=1}^{n} x_i^{1-\frac{1}{\sigma}}\right)^{1/(1-1/\sigma)} - X\right]$$

一阶条件为：

$$p_i = \lambda X^{\frac{1}{\sigma}} x_i^{-\frac{1}{\sigma}},\ i=1,\ 2,\ 3,\ \cdots,\ n$$

则消费者对于不同的差异化产品的需求与其价格之间的关系为：

$$p_i/p_j = (x_i/x_j)^{-1/\sigma}$$

因此，

$$x_i = (p_i/p_j)^{-\sigma} x_j$$

所以，

$$X = \left(\sum_{i=1}^{n} x_i^{1-1/\sigma}\right)^{1/(1-1/\sigma)} = \left(\sum_{i=1}^{n} (p_i/p_j)^{1-\sigma} x_j^{1-1/\sigma}\right)^{1/(1-1/\sigma)}$$

$$= \left(\sum_{i=1}^{n} p_i^{1-\sigma}\right)^{1/(1-1/\sigma)} x_j/p_j^{-\sigma}$$

整理得：

$$x_j = \frac{p_j^{-\sigma}}{\left(\sum_{i=1}^{n} p_i^{1-\sigma}\right)^{-\sigma/(1-\sigma)}} X$$

进而得到消费者在所有差异化产品上的总支出为：

$$\sum_{i=1}^{n} p_i x_i = \sum_{i=1}^{n} p_i \left(\frac{p_j^{-\sigma}}{\left(\sum_{i=1}^{n} p_i^{1-\sigma}\right)^{-\sigma/(1-\sigma)}} X\right) = \left(\sum_{i=1}^{n} p_i^{1-\sigma}\right)^{1/(1-\sigma)} X$$

如果将消费的各种差异化最终品看成一个整体 X，则可认为这个差异化产品整体的价格指数为 $P_X = \left(\sum_{i=1}^{n} p_i^{1-\sigma}\right)^{1/(1-\sigma)}$。将此式和(3－10)式 $X=\mu E/P_X$ 代入 x_j 的表达式，并用 i 替换 j 得：

$$x_i = \frac{p_i^{-\sigma}}{P_X^{-\sigma}} \frac{\mu E}{P_X} = \frac{\mu E}{P_X^{1-\sigma}} p_i^{-\sigma}$$

再假设差异化最终品市场的总体价格指数为外生，则 $\frac{\mu E}{P_X^{1-\sigma}} = A$ 为常数。

因此，

$$x_i = \frac{\mu E}{P_X^{1-\sigma}} p_i^{-\sigma} = A p_i^{-\sigma} \tag{3-11}$$

2. 生产

差异化最终品 x_i 由两部分中间投入品生产而成：最终品生产商 H 自己生产的中间品 h 和其特定关系型厂商生产的中间品 M。假设 x_i 的生产函数为柯布—道格拉斯形式：

$$x_i = \left(\frac{h}{\eta}\right)^{\eta} \left(\frac{M}{1-\eta}\right)^{1-\eta}, \quad 0<\eta<1 \tag{3-12}$$

关于 η，我们借鉴盛丹和王永进（2010）的分析：$1-\eta$ 越大，则 x 的生产越密集使用 M。M 由南方国家生产，而由于南方国家的契约是不完全的，因此 M 的生产对契约反应敏感。所以，$1-\eta$ 越大，x 越密集使用契约敏感型中间品 M，导致 x 的契约敏感度增加。因此，$1-\eta$ 可以理解为 x 的“契约密集度”。假设生产特定的中间投入品 M 共需 k 个生产环节，每个生产环节的中间品为 m_j，M 的生产函数为 CES（不变替代弹性）形式：

$$M = \left(\sum_{j=1}^{k} m_j^{1-1/\sigma}\right)^{1/(1-1/\sigma)} \tag{3-13}$$

最优化生产要求每个中间品生产厂商实现成本最小化：

$$\min \sum_{i=1}^{n} c_{m_j} m_j$$

$$\text{s. t. } M = \left(\sum_{j=1}^{k} m_j^{1-1/\sigma}\right)^{1/(1-1/\sigma)} \tag{3-14}$$

其中，c_{m_j} 为生产 m_j 的平均成本。解此最优化问题（此处不再赘述），由一阶条件可得：

$$m_j = (c_{m_j}/c_M)^{-\sigma} M \tag{3-15}$$

其中，$c_M = \left(\sum_{j=1}^{k} c_{m_j}^{1-\sigma}\right)^{1/(1-\sigma)}$，定义为中间品总体成本指数。

下面，我们将分别在外包和一体化两种生产组织模式下分析厂商的成本、定价、产量和利润问题。我们仍用下标 O 表示外包，用 V 表示一体化。

（1）外包厂商分析。独立的接包商生产一单位中间投入品 m_j 需要 a 单位劳动，其成本为 $c_{O,m_j} = aw_S$。由 c_M 的表达式可得，中间品生产的总体可变成本为 $c_{O,M} = k^{1/(1-\sigma)} aw_S$。代入（3－15）式可得 m_j 的产量为 $m_j = k^{\sigma/(1-\sigma)} M$。由此式可知，外包时每个中间品生产环节的生产成本与其所处的生产环节和需求量无关。因此，我们可将所有的中间品生产环节看作一个整体。

在外包的情况下，在 t_2 时刻，中间品生产商被赋予中间品产量决策权和剩余控制权，此时最终品生产商的事后机会成本为零。中间品生产商选择中间品的产量和质量。由于中间品生产商预期到如果选择较低的质量，双方将不会产生交易，因此其将总是生产符合最终品生产商要求的中间品，此时的事后剩余等于潜在利润 $R=px$。经过事后的谈判，最终品生产商获得事后剩余的份额为 ϕ，中间品生产商获得事后剩余的份额为 $1-\phi$。ϕ 代表最终品生产商的事后谈判能力，假设 $\frac{1}{2}\leqslant\phi<1$。双方能在事先预见到各自事后剩余的大小，且在 t_1 时刻同时选择 h 和 M 的产量，最大化各自的利润：

$$\begin{cases}\max[\phi R-rh]\\ \max[(1-\phi)R-c_{O,M}M]\end{cases}$$
$$\text{s. t. } c_{O,M}=k^{1/(1-\sigma)}aw_S \qquad (3-16)$$

其中，r 为 h 的生产成本。解（3－16）式可得外包情况下最终品生产商的产量 h 和中间品生产商的产量 M 分别为：

$$h_O/\eta=A\,\frac{\phi}{r}\left(1-\frac{1}{\sigma}\right)p_O^{1-\sigma} \qquad (3-17)$$

$$M_O/(1-\eta)=A\,\frac{1-\phi}{k^{1/(1-\sigma)}aw_S}\left(1-\frac{1}{\sigma}\right)p_O^{1-\sigma} \qquad (3-18)$$

再由（3－11）式和（3－12）式可解得外包情况下最终品的产量与价格：

$$x_O=Ap_O^{-\sigma} \qquad (3-19)$$

$$p_O=\frac{(k^{1/(1-\sigma)}aw_S)^{1-\eta}r^{\eta}}{(1-1/\sigma)\phi^{\eta}(1-\phi)^{1-\eta}} \qquad (3-20)$$

（2）一体化厂商分析。一体化的中间品生产商生产一单位的特定中间品生产环节 m_j 需要 λa 单位劳动，其生产成本为 $c_{V,m_j}=\lambda aw_S$，整个中间品的生产成本为 $c_{V,M}=k^{1/(1-\sigma)}\lambda aw_S$。由前文可知，$m_j$ 的产量为 $m_j=k^{\sigma/(1-\sigma)}M$。同样，我们也可将所有中间品生产环节看作一个整体。在一体化情况下，中间品生产商为最终品生产商的子公司。如果子公司生产高质量的中间品，且事后的谈判中双方达成一致意见，则潜在的事后利润为 $R=px$；若双方无法取得一致意见，则最终品生产商占有 δx 单位最终品，$\delta\in(0,1)$。结合(3－11)式可知，销售 δx 单位最终品的利润为 $\delta^{(1-1/\sigma)}R$，相应地，其子公司在此交易中获得的事后剩余收益为 $(1-\delta^{(1-1/\sigma)})R$。但因为契约是不完全的，最终品生产商将在 t_3 时刻重新议价，最后，最终品生产商获得的收益为 $\delta^{(1-1/\sigma)}R+\phi(1-\delta^{(1-1/\sigma)})R$，生产中间品的子公司获得的收益为 $(1-\phi)(1-\delta^{(1-1/\sigma)})R$。因此，如果子公司生产高质量的中间品，它将获得正的利润；而如果生产低质量的中间品，它将获得负的利润(最终品厂商将不购买中间品，而其关系外价值为0)。所以，低质量的中间品将不被生产。现在我们回到 t_1 时刻，双方通过利润最大化决策来决定各自生产的中间投入的产

量 h 和 M。此利润最大化问题为：

$$\begin{cases}\max[\bar{\phi}R-rh]\\ \max[(1-\bar{\phi})R-c_{V,M}M]\end{cases}$$

$$\text{s. t. } c_{V,M}=k^{1/(1-\sigma)}\lambda a w_S \tag{3-21}$$

其中，$\bar{\phi}=\delta^{(1-1/\sigma)}+\phi(1-\delta^{(1-1/\sigma)})>\phi$，它是一体化情况下最终品生产商的利润份额。

求解（3-21）式，根据一阶条件可得：

$$\frac{h_V}{\eta}=A\frac{\bar{\phi}}{r}\left(1-\frac{1}{\sigma}\right)p_V^{1-\sigma} \tag{3-22}$$

$$M_V/(1-\eta)=A\frac{1-\bar{\phi}}{k^{1/(1-\sigma)}\lambda a w_S}\left(1-\frac{1}{\sigma}\right)p_V^{1-\sigma} \tag{3-23}$$

再由（3-11）式和（3-12）式，可解得一体化情况下最终品的产量与价格：

$$x_V=Ap_V^{-\sigma} \tag{3-24}$$

$$p_V=\frac{(k^{1/(1-\sigma)}\lambda a w_S)^{1-\eta}r^{\eta}}{\left(1-\frac{1}{\sigma}\right)\bar{\phi}^{\eta}(1-\bar{\phi})^{1-\eta}} \tag{3-25}$$

3. 厂商均衡

自由进入条件使得垄断竞争市场的经济利润为0。为简化分析，我们假设中间品生产商为进入市场需向最终品生产商支付价值为 T 的“质量担保”，T 使得中间品生产商保持零利润。

（1）均衡利润。在外包时，t_0 时刻中间品生产商向最终品生产商一次性支付 T_O，且 T_O 恰好等于中间品生产商的利润，即 $T_O=(1-\phi)p_O x_O-c_{O,M}M_O$。所以，选择外包模式的最终品生产商的事前潜在利润为：

$$\begin{aligned}\Pi_O&=\phi p_O x_O-rh_O+T_O-F_O\\&=p_O x_O-rh_O-c_{O,M}M_O-F_O\\&=[1-(1-\eta)(1-1/\sigma)+\phi(1-1/\sigma)(1-2\eta)]Ap_O^{1-\sigma}-F_O\end{aligned} \tag{3-26}$$

在一体化时，t_0 时刻中间品生产商向最终品生产商一次性支付 T_V，且 T_V 恰好等于中间品生产商的利润，即 $T_V=(1-\bar{\phi})p_V x_V-c_{V,M}M_V$。所以，选择一体化模式的最终品生产商的潜在利润为：

$$\begin{aligned}\Pi_V&=\bar{\phi}p_V x_V-rh_V+T_V-F_V\\&=p_V x_V-rh_V-c_{V,M}M_V-F_V\\&=[1-(1-\eta)(1-1/\sigma)+\bar{\phi}(1-1/\sigma)(1-2\eta)]Ap_V^{1-\sigma}-F_V\end{aligned} \tag{3-27}$$

（2）组织模式选择。借鉴 Antràs（2003），我们把一体化组织模式选择的合意指数定义为：

$$\theta = \frac{\Pi_V + F_V}{\Pi_O + F_O} = \left(1 + \frac{(1-\phi)\delta^{1-1/\sigma}(1-1/\sigma)(1-2\eta)}{1-\eta(1-1/\sigma)-\phi(1-1/\sigma)(1-2\eta)}\right)\left\{\lambda\left[1+\frac{\delta^{1-1/\sigma}}{\phi(1-\delta^{1-1/\sigma})}\right]\right\}^{-\eta(1-\sigma)}\left(\frac{\lambda}{1-\delta^{1-1/\sigma}}\right)^{1-\sigma} \tag{3-28}$$

这个指数表示最终品生产商在一体化和外包组织模式下未扣除固定成本的“毛利润”之比。由于在 Antràs（2003）的研究中，θ 主要用于对拥有不同总部服务密集度 η 的不同行业的考察，而无论是采用一体化还是采用外包的方式生产 M，其固定成本的大小均不受行业影响。因此，最终品生产商在进行组织模式选择时不考虑固定成本的影响。由其定义可知，θ 越大，企业越倾向于选择一体化生产组织模式，因此我们把 θ 叫作“一体化合意指数”。最终品生产商选择使其利润最大化的生产组织模式：如果 $\Pi_V < \Pi_O$，则选择外包；如果 $\Pi_O < \Pi_V$，则选择一体化。具体地，结合均衡时的厂商零利润条件可知，厂商选择外包组织模式的条件为：

$$\begin{cases}\Pi_V = [1-(1-\eta)(1-1/\sigma)+\bar{\phi}(1-1/\sigma)(1-2\eta)]Ap_V^{1-\sigma} - F_V < 0 \\ \Pi_O = [1-(1-\eta)(1-1/\sigma)+\phi(1-1/\sigma)(1-2\eta)]Ap_O^{1-\sigma} - F_O = 0\end{cases} \tag{3-29}$$

再由（3-28）式可知，厂商选择外包的条件为：

$$\theta < \frac{F_V}{F_O} \tag{3-30}$$

同理，厂商选择一体化组织模式的利润条件与合意条件分别为：

$$\begin{cases}\Pi_V = [1-(1-\eta)(1-1/\sigma)+\bar{\phi}1-1/\sigma)(1-2\eta)]Ap_V^{1-\sigma} - F_V = 0 \\ \Pi_O = [1-(1-\eta)(1-1/\sigma)+\phi(1-1/\sigma)(1-2\eta)]Ap_O^{1-\sigma} - F_O < 0\end{cases} \tag{3-31}$$

$$\theta > F_V/F_O \tag{3-32}$$

4. 行业均衡

接下来我们将考虑整个差异化产品生产行业 X 的行业均衡情况。均衡时所有厂商都获得零利润。理论上有三种可能的均衡状态：①混合均衡状态。在此状态下，一部分厂商采用外包组织模式，而另一部分采用一体化组织模式。②一体化均衡状态。在此状态下，所有的厂商均采用一体化组织模式。③外包均衡状态。在此状态下，所有的厂商均采用外包组织模式。

（1）混合均衡状态。在此状态下，一体化组织模式和外包组织模式同时存在，有下式成立：

$$\begin{cases}\Pi_V = [1-(1-\eta)(1-1/\sigma)+\bar{\phi}(1-1/\sigma)(1-2\eta)]Ap_V^{1-\sigma} - F_V = 0 \\ \Pi_O = [1-(1-\eta)(1-1/\sigma)+\phi(1-1/\sigma)(1-2\eta)]Ap_O^{1-\sigma} - F_O = 0\end{cases} \tag{3-33}$$

我们用 n_O 和 n_V 分别表示混合均衡状态下外包和一体化的最终品生产商的数量，结合（3－11）式对 A 的定义可得混合均衡状态下每个企业所面临的市场需求系数：

$$A=\frac{\mu E}{n_O p_O^{1-\sigma}+n_V p_V^{1-\sigma}} \tag{3-34}$$

其中，p_O、p_V 分别由（3－20）式和（3－25）式给出。

将（3－34）式代入（3－33）式可求出混合均衡状态下 n_O 和 n_V 的唯一解：

$n_O=n_O^*$，$n_V=n_V^*$

也就是说，只有厂商数目符合这一情况时才满足混合均衡，即混合均衡状态很难实现。因此，我们不着重分析混合均衡的情况。

（2）外包均衡状态。在外包均衡状态下，选择外包组织模式的最终品生产厂商的利润为零，即下式成立：

$$\Pi_O=[1-(1-\eta)(1-1/\sigma)+\phi(1-1/\sigma)(1-2\eta)]Ap_O^{1-\sigma}-F_O=0 \tag{3-35}$$

在外包均衡状态下，每个企业所面临的市场需求系数为 $A=\mu E/n_O p_O^{1-\sigma}$。结合(3－35)式可得外包均衡状态下最终品生产厂商的数目：

$$n_O=[1-\eta(1-1/\sigma)+\phi(1-1/\sigma)(1-2\eta)]\mu E/F_O \tag{3-36}$$

由（3－20）式、（3－36）式和 $A=\mu E/n_O p_O^{1-\sigma}$ 可解出外包均衡状态下中间品 M 的生产环节数：

$$k_O=\left(\frac{\mu E}{n_O A\psi_O}\right)^{1/(1-\eta)} \tag{3-37}$$

其中，

$$\psi_O=\left[\frac{(aw_S)^{1-\eta}r^\eta}{(1-1/\sigma)\phi^\eta(1-\phi)^{1-\eta}}\right]^{1-\sigma}$$

（3）一体化均衡状态。在一体化均衡状态下，选择一体化组织模式的最终品生产厂商的利润为零，即下式成立：

$$\Pi_V=[1-(1-\eta)(1-1/\sigma)+\bar{\phi}(1-1/\sigma)(1-2\eta)]Ap_V^{1-\sigma}-F_V=0 \tag{3-38}$$

在一体化均衡状态下，每个企业所面临的市场需求系数为 $A=\mu E/n_V p_V^{1-\sigma}$，结合（3－38）式可得一体化均衡状态下最终品生产厂商的数目：

$$n_V=[1-\eta(1-1/\sigma)+\bar{\phi}(1-1/\sigma)(1-2\eta)]\mu E/F_V \tag{3-39}$$

由(3－25)式、(3－39)式和 $A=\mu E/n_V p_V^{1-\sigma}$ 可解出一体化均衡状态下中间品 M 的生产环节数：

$$k_V=(\mu E/n_V A\psi_V)^{1/(1-\eta)} \tag{3-40}$$

其中，

$$\psi_V=\left[\frac{(\lambda aw_S)^{1-\eta}r^{\eta}}{(1-1/\sigma)\bar{\phi}^{\eta}(1-\bar{\phi})^{1-\eta}}\right]^{1-\sigma}$$

5. 比较静态分析

（1）契约实施制度的分析。在完全契约情况下，最终品的市场价格为 $p=c_M^{1-\eta}r^{\eta}\Big/\left(1-\dfrac{1}{\sigma}\right)$。对比(3－20)式和(3－25)式可知：在采用外包生产方式时，不完全契约情况下的最终品价格是完全契约情况下价格的 $t_O=1/[\phi^{\eta}(1-\phi)^{1-\eta}]$ 倍；在采用一体化生产方式时，这个价格比为 $t_V=1/[\bar{\phi}^{\eta}(1-\bar{\phi})^{1-\eta}]$。由于 $\dfrac{1}{2}<\phi<\bar{\phi}<1$，$0<\eta<1$，所以这两个倍数都大于1。

为了考查差异化最终品 x 的契约密集度 $1-\eta$ 的大小对不完全契约与南方国家FDI或外包数量关系的影响，我们对 t_O 和 t_V 关于 η 求一阶导数，可知 ϕ 和 $\bar{\phi}$ 一定时，$1-\eta$ 越大，t_O 或 t_V 越大。对 t_O 关于 η 求导得：

$$\frac{d\dfrac{1}{t_O}}{d\eta}=\phi^{\eta}(1-\phi)^{1-\eta}\ln\phi+\phi^{\eta}(1-\phi)^{1-\eta}\ln(1-\phi)$$

$$=\frac{1}{t_O}[\ln\phi-\ln(1-\phi)]>0$$

所以，$\dfrac{dt_O}{d\eta}<0$。因此，在外包情况下，某行业中间品 M 以及最终品的契约密集度越大，不完全契约造成的价格扭曲越大。一体化的情况与外包一致，这里不再赘述。这里，契约不完全造成价格扭曲（效率损失）的机制体现在不完全契约理论的核心思想中：在契约不完全的情况下，签约双方只有在事后进行讨价还价来议定收益分成。由于生产的中间品具有资产专用性，其关系外价值很小，此时便产生“敲竹杠”问题。无论哪一方拥有产权，其在事后分成中的获益必将伴随着另一方的损失，因此，契约不完全造成的事后分成扭曲导致事先投资不足，进而导致效率损失这一问题无法得到完美解决，而只能通过将事后的剩余所有权赋予在最终品生产上相对重要的一方，使其在事后的讨价还价中占有优势，尽量降低扭曲和效率损失。

由上面的分析可知，无论是采取外包还是采取一体化的生产组织方式，与完全契约情况相比，不完全契约情况下的最终品价格都更高。而价格越高，需求越低，导致最终品以及中间品生产数量减少，进而外包或一体化的规模变小。而且最终品的契约密集度越高，契约的不完全性对南方国家承接外包或吸引FDI流入的影响越大。

由此我们可以得出：

命题 2： 南方国家契约实施制度的不完善不利于其承接国际外包或吸引 FDI 流入，且对于契约密集度越高的行业影响越大。

反之，我们可以得到：

推论 2： 南方国家契约实施制度的改善能促进其承接国际外包或吸引 FDI 流入，且对于契约密集度越高的行业促进作用越明显。

（2）固定成本和南方国家工资的分析。保持其他条件不变，一体化的固定成本相对于外包越高，则（3－32）式 $\theta > F_V/F_O$ 越难成立，即厂商一体化的合意条件越难满足。一体化成本越高，越不倾向于一体化，这个结论是显而易见的。此外，通过考察（3－20）式和（3－25）式可知，南方国家的工资水平 w_S 使得一体化和外包时的产品价格同时增加，从而使产量降低。因此，w_S 也是影响南方国家承接外包或吸引 FDI 流入的因素。

（3）η 的大小与组织模式选择。根据本章第一节的分析，总部服务 h 的密集度 η 增大会增加厂商一体化的可能性（命题 1），即本节中的 $d\theta/d\eta > 0$。这个证明比较烦琐，且结果与命题 1 一致，所以这里不再赘述。

三、小结

本节在 GHM 框架下建立了一个消费、生产的统一分析框架，综合分析了契约实施制度、固定成本、工资和总部服务密集度等因素对企业组织边界决策的影响，并重点分析了契约实施制度的优劣对企业生产的激励作用。本节的主要结论有：①总部服务密集度越大的行业，其企业越倾向于一体化生产；②南方国家契约实施制度的改善能促进其承接国际外包或吸引 FDI 流入，且对于契约密集度越高的行业促进作用越明显。

第二节 交易成本视角的理论分析（TCE 框架）

上节中的 GHM 框架从产权配置的角度分析了不完全契约情况下企业的组织边界选择问题，认为为了保证效率，应当把剩余所有权配置给在最终品生产中相对更重要的中间品生产商。然而这个模型有一个暗含的假定，认为只要中间品生产商可以获得正常利润，最终品生产商就可以按其意愿随意与这些中间品供应商进行匹配。而这并不符合实际，因为买家和卖家之间的匹配是一个复杂的过程，这个过程涉及双方所面临的风险。具体地讲，一个最终品生产商和一个中间品供应商匹配的成功率取决于市场中潜在的中间品供应商数量、信息通信技术（可看作基础设施）和契约制度环境等因素。其中，前几项因素影响事前的合作可能性，而契约制度则影响事后的合作成功率。接下来，我们将在本节建立一个交易成本视角的模型，用以分析契约实施制度、市场厚度等因素对最终品生产商垂直专业化生产的影响。

一、模型说明

模型中有两个国家：北方国家 N 和南方国家 S；有两种要素：资本和劳动，且北方国家有这两种要素，而南方国家只有劳动一种要素；有两种最终产品：同质化产品 y 和差异化产品 x。同质化产品 y 的生产仅需要劳动一种要素，差异化产品 x 由两种中间产品 h 和 M 生产而成，h 的生产需要资本一种要素。M 由 m_i 生产而成，且只需要劳动一种要素；因此，北方国家可以生产同质化产品和差异化产品两种最终品，而南方国家只能生产同质化最终品 y 和差异化最终品的中间投入品 M。

在差异化最终品 x 的生产上，北方国家的企业既可以选择完全在本国生产，也可以将 x 的中间投入品进行离岸生产（可以选择 FDI 的形式，也可以进行离岸外包。因为上一节的模型已经考察过企业生产组织方式的选择问题，所以本模型重点考察影响企业选择离岸生产的因素，即影响南方国家承接国际外包或吸引 FDI 的因素）。为不失一般性，我们假设只有南方国家消费差异化产品 x（这个假设可以使我们的分析中既包含对南方国家市场寻求型的横向 FDI，也包括以中间品生产为目的的垂直型 FDI）。因此，若北方国家选择在本国生产 x，其将面临一个出口到南方国家的冰山成本。假设出口到南方国家一单位的 x 需要北方国家生产 $\tau>1$ 单位的 x，则其中 $\tau-1$ 单位的 x 即运输过程的冰山成本。本模型中我们仍假设效用函数为柯布—道格拉斯形式，同质化产品市场完全竞争且没有贸易成本。假设差异化最终品 x 的中间投入 h 也无贸易成本。

在离岸生产的情况下，最终品生产商首先进入南方国家，然后搜寻与其相匹配的中间品生产商，并向其提供中间投入 h。假设最终品生产商生产所需的中间投入 M 具有专用性（或者说具有关系特定性），则最终品生产商不可能总是可以找到与之合作的中间品生产商。这种匹配在二者之间随机发生（发生的概率受市场中潜在的中间品供应商数量、信息通信技术和契约制度环境等因素的影响），匹配失败的最终品生产商将退出市场。假设所有最终品生产商有相同的概率匹配到与之合作的中间品生产商，相应地，每个中间品生产商也有相同的概率搜寻到最终品生产商。然而，由于市场中同类企业数目相对较少的一方有更大的概率匹配到相应的企业，因此上面所说的两个概率不一定相等。

双方匹配成功后，由最终品生产商说明其对特定中间投入品的要求，然后中间品生产商开始生产中间投入品，假设这些中间投入品的质量和产量是随机的。中间品生产商生产完中间品之后与最终品生产商进行讨价还价，决定事后剩余在二者之间的分配。假设事后剩余由最终品生产商与中间品生产商各自平分。最后，最终品生产完成并被消费者购买。我们将选择离岸生产的厂商的生产过程总结为五个步骤：①进入南方国家市场；②搜寻合作伙伴，没有找到合作伙伴的厂商退出市场；③生产中间品 M；④双方进行讨价还价；⑤生产并销售最终品。

市场上存在 p 个最终品生产商，q 个中间品生产商。假设匹配成功的企业个数为 $\varphi g(p,q)\leqslant\min\{p,q\}$，$g(p,q)$ 为 p 和 q 的增函数，φ 为南方国家基础设施和契约实施环境的增函数。假设 $g(p,q)$ 具有规模收益不变的特征，即市场中两类厂商数目同时变为原来的 n 倍，匹配成功的企业个数也变为原来的 n 倍。每个最终品生产商匹配到合作伙伴的概率相同，因此这个概率为 $\varphi g(p,q)/p$。又由于 $g(p,q)$ 具有规模收益不变的性质，因此这个概率可以写成 $\gamma(b)=\varphi g(1,b)$ 的形式，其中，$b=q/p$ 为中间品生产商和最终品生产商数目之比。同时，每个中间品生产商也有相等的概率匹配到一个最终品生产商，这个概率为 $\varphi g(p,q)/q=\gamma(b)/b$。又由于 $\gamma(b)$ 的弹性小于 1，且 $g(p,q)$ 为一次齐次函数，所以 $\gamma(b)$ 是 b 的增函数，而 $\gamma(b)/b$ 则是 b 的减函数。

二、消费

借助第一节的分析，我们直接给出差异化最终品的需求函数：

$$x_i=\frac{\mu E}{P_X^{1-\sigma}}p_i^{-\sigma}=Ap_i^{-\sigma} \tag{3-41}$$

其中，$A=\frac{\mu E}{P_X^{1-\sigma}}$，$P_X=\left(\sum_{i=1}^{n}p_i^{1-\sigma}\right)^{1/(1-\sigma)}$，$n$ 为在南方国家进行离岸生产的最终品厂商数目，p_i 为第 i 种差异化产品的价格。

三、生产

假设差异化最终品的生产函数仍为柯布—道格拉斯形式：

$$x_i=\left(\frac{h}{\eta}\right)^{\eta}\left(\frac{M}{1-\eta}\right)^{1-\eta} \tag{3-42}$$

假设生产特定的中间投入品 M 共需 k 个生产环节，每个生产环节的中间产品为 m_j，M 的生产函数为 CES（不变替代弹性）形式：

$$M=\left(\sum_{j=1}^{k}m_j^{1-\frac{1}{\sigma}}\right)^{1/(1-1/\sigma)} \tag{3-43}$$

其中，k 为 M 生产环节的个数。

中间品生产商的成本最小化问题为：

$$\min \sum_{i=1}^{n} c_{m_j} m_j$$

s. t.

$$M = \left(\sum_{j=1}^{k} m_j^{1-\frac{1}{\sigma}} \right)^{1/(1-1/\sigma)} \tag{3-44}$$

解此最小化问题，根据一阶条件可以得到专用性中间投入品 M 生产环节 m_j 的产量为：

$$m_j = (c_{m_j}/c_M)^{-\sigma} M \tag{3-45}$$

其中，$c_M = \left(\sum_{j=1}^{k} c_{m_j}^{1-\sigma} \right)^{1/(1-\sigma)}$，可以衡量中间品 M 的总体成本指数，c_{m_j} 表示 m_j 的生产成本。下面我们将分别分析企业在离岸生产和本国生产两种情况下的产品成本、价格和产量。我们用下标 O 表示离岸生产，下标 V 表示本国生产。

1. 离岸生产

在离岸生产的情况下，假设一单位的专用性中间品生产环节 m_j 需要中间品生产商投入 a 单位劳动，则其可变成本为 $c_{O,m_j} = aw_S$，生产整个中间品的可变成本为 $c_{O,M} = \left(\sum_{j=1}^{k} c_{m_j}^{1-\sigma} \right)^{1/(1-\sigma)} = k^{1/(1-\sigma)} aw_S$，再由（3－45）式可得，生产环节 m_j 的产量为 $m_j = k^{\sigma/(1-\sigma)} M$。由此式可知，在离岸生产的情况下，每个生产环节的产量和成本与其所处的环节无关，所以我们可以把所有的中间品生产环节看作一个整体。根据前面的讨论，任何一个最终品生产商成功匹配到一个中间品生产商的概率是 $\gamma(b)$，由前面的假设，双方事后平分收益，则最终品生产商的收益为 $px/2$；最终品生产商未成功匹配到一个中间品生产商的概率为 $1-\gamma(b)$，此时最终品生产商退出市场，其收益为0。所以，最终品生产商的事后期望收益为 $\gamma(b)px/2$。

我们再来分析中间品生产商的期望收益。每个中间品生产商成功匹配到一个最终品生产商的概率为 $\gamma(b)/b$，获得收益 $px/2$；匹配失败的概率为 $1-\gamma(b)/b$，获得收益0。所以中间品生产商的事后期望收益为 $\gamma(b)px/2b$。最终品生产商和中间品生产商双方均可预见到各自的事后期望利润，因此在第一阶段双方将同时选择各自的要素投入量以使其利润最大化：

$$\max[\gamma(b)px/2 - rh] \tag{3-46}$$

$$\max[\gamma(b)px/2b - c_{O,M}M] \tag{3-47}$$

解上述最大化问题，由一阶条件可求得双方各自的要素投入量：

$$\frac{h_O}{\eta} = \frac{A}{r}\left(\frac{\gamma(b)}{2}\right)(1-1/\sigma)\left(\frac{r^{\eta}(bc_{O,M})^{1-\eta}}{(1-1/\sigma)\gamma(b)/2}\right)^{1-\sigma} \tag{3-48}$$

$$M_O/(1-\eta)=\frac{A}{bc_{O,M}}\left(\frac{\gamma(b)}{2}\right)\left(1-\frac{1}{\sigma}\right)\left(\frac{r^{\eta}(bc_{O,M})^{1-\eta}}{(1-1/\sigma)\gamma(b)/2}\right)^{1-\sigma} \qquad (3-49)$$

再根据差异化最终品 x 的需求和生产函数，即（3－41）式和（3－42）式，可以求出离岸生产情况下最终品的产量和价格：

$$x_O=A\left(\frac{r^{\eta}(bc_{O,M})^{1-\eta}}{(1-1/\sigma)\gamma(b)/2)}\right)^{-\sigma} \qquad (3-50)$$

$$p_O=\frac{r^{\eta}(bc_{O,M})^{1-\eta}}{(1-1/\sigma)\gamma(b)/2} \qquad (3-51)$$

2. 本国生产

在本国生产的情况下，假设一单位的专用性中间品生产环节 m_j 需要最终品生产商投入 a 单位北方国家的劳动，则其可变成本为 $c_{V,m_j}=aw_N$，生产整个中间品的可变成本为 $c_{V,M}=\left(\sum_{j=1}^{k}c_{V,m_j}^{1-\sigma}\right)^{1/(1-\sigma)}=k^{1/(1-\sigma)}aw_N$，再由(3－45)式可得，生产环节 m_j 的产量为 $m_j=k^{\sigma/(1-\sigma)}M$。中间品 h 生产的可变成本为 r(r 为资本价格)。由于冰山成本的存在，最终被消费的一单位差异化最终品 x 需要最终品生产商生产 τ 单位 x，我们可以认为在出口的情况下产品的生产成本为原来的τ倍。因此，选择本国生产的最终品生产商的利润最大化问题可以描述为：

$$\max[px-\tau(rh+c_M M)] \qquad (3-52)$$

解此利润最大化问题，根据一阶条件可求得最终品和中间品生产的要素投入量：

$$h_V/\eta=A\,\frac{(1-1/\sigma)}{\tau r}\left(\frac{\tau c_{V,M}^{1-\eta}}{1-1/\sigma}\right)^{1-\sigma} \qquad (3-53)$$

$$M_V/(1-\eta)=A\,\frac{(1-1/\sigma)}{\tau c_{V,M}}\left(\frac{\tau c_{V,M}^{1-\eta}r^{\eta}}{1-1/\sigma}\right)^{1-\sigma} \qquad (3-54)$$

再根据差异化最终品 x 的需求和生产函数，即（3－41）式和（3－42）式，可以解出本国生产情况下最终品的产量和价格：

$$x_V=A\left(\frac{\tau c_{V,M}^{1-\eta}r^{\eta}}{1-1/\sigma}\right)^{-\sigma} \qquad (3-55)$$

$$p_V=\frac{\tau c_{V,M}^{1-\eta}r^{\eta}}{1-1/\sigma} \qquad (3-56)$$

四、厂商均衡与其生产组织方式选择

在以上分析中，我们分别考察了最终品生产商在选择离岸生产和本国生产时的价格、产量和中间品投入量。下面我们将分析均衡状态下的企业利润以及追求利润最大化的企业的生产组织方式选择。

1. 均衡状态下的利润

自由进入条件要求每个厂商的期望利润等于零。与第一节的模型相同，为简化分析，假设中间品生产商进入市场时需向最终品生产商一次性支付质量担保T，以确保每个中间品生产商的利润为0。在离岸生产的情况下，质量担保为中间品生产商的期望利润：$T_O=\gamma(b)p_Ox_O/2b-c_{O,M}M_O$，因此选择离岸生产的最终品生产商的事前预期利润为：

$$\begin{aligned}\Pi_O&=\gamma(b)p_Ox_O/2-rh_O+T_O-F_O\\&=(1+1/b)\frac{\gamma(b)p_Ox_O}{2}-rh_O-c_{O,M}M_O-F_O\\&=A\frac{\gamma(b)}{2}\left[1+\frac{1}{b\sigma}-\eta\left(1-\frac{1}{\sigma}\right)\left(1-\frac{1}{b}\right)\right]p_O^{1-\sigma}-F_O\end{aligned}\tag{3-57}$$

选择国内生产的最终品生产商的事前预期利润为：

$$\Pi_V=p_Vx_V-\tau(rh_V+c_{V,M}M_V)-F_V=Ap_V^{1-\sigma}/\sigma-F_V\tag{3-58}$$

2. 生产组织方式选择

参照第一节，我们仍使用 Antràs（2003）的方法，定义离岸生产相对本国生产的合意指数为：

$$\theta=\frac{\Pi_O+F_O}{\Pi_V+F_V}=\left(\frac{\gamma(b)}{2}\right)^{\sigma}\tau^{\sigma-1}\left[\sigma+\frac{1}{b}-\eta(\sigma-1)\left(1-\frac{1}{b}\right)\right]\left(\frac{w_N}{w_S}\right)^{(1-\eta)(\sigma-1)}\tag{3-59}$$

对于最终品生产商，当其离岸生产的利润大于本国生产的利润时，它就会选择离岸生产：

$$\begin{cases}\Pi_O=A\dfrac{\gamma(b)}{2}\left[1+\dfrac{1}{b\sigma}-\eta\left(1-\dfrac{1}{\sigma}\right)\left(1-\dfrac{1}{b}\right)\right]p_O^{1-\sigma}-F_O=0\\\Pi_V=Ap_V^{1-\sigma}/\sigma-F_V<0\end{cases}\tag{3-60}$$

综合（3-59）式和（3-60）式可知，企业选择离岸生产组织方式的条件为：

$$\theta>F_O/F_V\tag{3-61}$$

同理，最终品生产商选择本国生产的条件为：

$$\begin{cases}\Pi_O=A\dfrac{\gamma(b)}{2}\left[1+\dfrac{1}{b\sigma}-\eta\left(1-\dfrac{1}{\sigma}\right)\left(1-\dfrac{1}{b}\right)\right]p_O^{1-\sigma}-F_O<0\\\Pi_V=Ap_V^{1-\sigma}/\sigma-F_V=0\end{cases}\tag{3-62}$$

综合（3-59）式和（3-60）式可知，企业选择本国生产的条件为：

$$\theta<F_O/F_V\tag{3-63}$$

五、行业均衡分析

为考察均衡时整个x生产行业中的企业数量即行业规模情况，我们将在接下来进行行业均衡分析。理论上有三种可能的均衡状态：①混合均衡状态。在此状态下，一部分厂商采用离岸生产的组织模式，而另一部分则采用本国生产的组织模式。②本国生产均衡状态。在此状态下，所有的厂商均采用本国生产组织模式。③离岸生产均衡状态。在此状态下，所有的厂商均采用离岸生产组织模式。

1. 混合均衡状态

在混合均衡状态下，企业选择离岸生产与本国生产无差异。即：

$$\begin{cases}\Pi_O = A\dfrac{\gamma(b)}{2}\left[1+\dfrac{1}{b\sigma}-\eta\left(1-\dfrac{1}{\sigma}\right)\left(1-\dfrac{1}{b}\right)\right]p_O^{1-\sigma}-F_O=0\\ \Pi_V = A\dfrac{p_V^{1-\sigma}}{\sigma}-F_V=0\end{cases} \tag{3-64}$$

我们用 n_O 和 n_V 分别表示混合均衡状态下离岸生产和本国生产的最终品生产商的数量，结合(3-41)式对 A 的定义可得混合均衡状态下每个企业所面临的市场需求系数：

$$A=\frac{\mu E}{n_O p_O^{1-\sigma}+n_V p_V^{1-\sigma}} \tag{3-65}$$

其中，p_O、p_V 分别由（3-51）式和（3-56）式给出。将（3-65）式代入（3-64）式可求出混合均衡状态下 n_O 和 n_V 的唯一解：

$n_O=n_O^*$，$n_V=n_V^*$

也就是说，只有厂商数目符合这一情况时才满足混合均衡，即混合均衡状态很难实现。因此，我们不着重分析混合均衡的情况。

2. 离岸生产均衡状态

在离岸生产均衡状态下，所有的最终品生产商都选择离岸生产，且每个最终品生产厂商的利润为0，即：

$$\Pi_O = A\frac{\gamma(b)}{2}\left[1+\frac{1}{b\sigma}-\eta\left(1-\frac{1}{\sigma}\right)\left(1-\frac{1}{b}\right)\right]p_O^{1-\sigma}-F_O=0 \tag{3-66}$$

将 $A=\mu E/np_O^{1-\sigma}$ 代入上式可得离岸生产均衡情况下最终品生产商的数目：

$$n_O=\frac{\gamma(b)}{2}\left[1+\frac{1}{b\sigma}-\eta\left(1-\frac{1}{\sigma}\right)\left(1-\frac{1}{b}\right)\right]\mu E/F_O \tag{3-67}$$

再将 $A=\mu E/np_O^{1-\sigma}$ 代入（3-51）式可求得中间品生产环节的数目：

$$k_O=(\mu E/n_O A\psi_O)^{1/(1-\eta)} \tag{3-68}$$

其中，

$$\psi_O=\left[\frac{(baw_S)^{1-\eta}r^{\eta}}{(1-1/\sigma)\gamma(b)/2}\right]^{1-\sigma}$$

3. 本国生产均衡状态

根据前面的假设，在本国生产均衡状态下，差异化最终品的所有生产环节都在北方国家完成，且出口到南方国家市场。同样，企业利润为0：

$$\Pi_V = A\frac{p_V^{1-\sigma}}{\sigma} - F_V = 0 \tag{3-69}$$

其中，$A=\mu E/np_V^{1-\sigma}$ 为每个企业所面临的市场需求系数。将 A 代入（3－69）式求得本国生产情况下最终品生产厂商的数量：

$$n_V = \frac{\mu E}{\sigma F_V} \tag{3-70}$$

再把（3－56）式 $p_V = \dfrac{\tau c_{V,M}^{1-\eta} r^{\eta}}{1-1/\sigma}$ 代入 A，可得中间品 M 的生产环节数量：

$$k_V = (\mu E/n_V A\psi_V)^{1/(1-\eta)} \tag{3-71}$$

其中，

$$\psi_V = \left[\frac{\tau(aw_N)^{1-\eta}r^{\eta}}{(1-1/\sigma)}\right]^{1-\sigma}$$

六、比较静态分析

根据上面的分析，我们已经求出厂商选择离岸生产的合意指数：

$$\theta = \frac{\Pi_O + F_O}{\Pi_V + F_V} = \left(\frac{\gamma(b)}{2}\right)^{\sigma} \tau^{\sigma-1}\left[\sigma + \frac{1}{b} - \eta(\sigma-1)\left(1-\frac{1}{b}\right)\right]\left(\frac{w_N}{w_S}\right)^{(1-\eta)(\sigma-1)}$$

且厂商离岸生产的条件为：

$$\theta > \frac{F_O}{F_V}$$

增加企业离岸生产的倾向有两种方式：增加 θ 或减小 $\frac{F_O}{F_V}$。本模型并未包含对 $\frac{F_O}{F_V}$ 的精确分析，因此对于后者本书仅根据经验给出可能的猜想：何种情况使得北方国家的最终品生产商选择离岸生产相对于本国生产的固定投入更小呢？也就是说，在北方国家固定投入一定的情况下，什么因素导致在南方国家生产中间品的固定投资低一些呢？

首先，如果采用将中间品外包给南方国家厂商的形式，最终品生产商将支付：①搜寻合作伙伴的成本。这个成本在具有不同文化背景、地理距离较远的国家之间变得更大。②合作伙伴的违约风险。在契约制度环境不完善的南方国家，合同往往得不到有效的保护。特别是涉及跨国合同的时候，根据 Antràs（2011），以下原因使得跨国合同难以得到有效保护：①依据哪个国家的法律？北方国家的法律机构很难对南方国家的企业施加有效的约束，而南方国家的法庭则不乐意因为国外的企业而惩罚本国企业，特别是在本国企业与政府有关联，或者由于政府腐败使企业容易行贿的时候。此外，国外企业在与本国企业打官司的时候，双方对于相应法律的信息也是不对称的。②可否尝试通过第三方的官方组织，用规则、公约等约束契约的实施呢？实际上已经有这样的国际组织，如国际货物买卖契约的联合国公约 CISG（United Nations Convention on Contracts for the International Sale of Goods），但是这个公约并未被普遍认可，成员数很少。③还有一些商会组织，如巴黎的 ICC（International Chamber of Commerce），但是在实践上也未产生广泛的影响。④由于国际买卖很多都不是长期合作，双方无法重复博弈，所谓“关系型契约”（Relational Contracting）很难起作用；且由于缺少基于声誉的多边惩罚机制，因此具有隐含意义的非正式契约也难以奏效。基于上述原因，Rodrik（2000）总结道：总之，国际契约通常既无法被明确表述，也无法被非正式地隐含，简言之就是“不完全的”。对此有一个具体而生动的例子：国际外包顾问 Paul Midler 在其《差劲的中国制造》（*Poorly Made in China*）一书中，描述了中国供应商在“最后一分钟”重新讨价还价（Last - minute Pricing Maneuvers）和狡猾地偷工减料的“敲竹杠”行为。因此，东道国更为完善的契约制度环境、发达的基础设施和与北方国家较为相近的地理距离和文化背景等都会降低最终品生产商在东道国外包中间品的固定成本。

其次，如果采用在南方国家 FDI 的形式在企业内生产中间品，则存在以下固定成本：①寻找代理人。这个成本在前面寻找外包厂商的成本中已有论述，寻找代理人的成本与之类似。②选址。决定到南方国家 FDI 的北方国家的最终品生产商如何为即将成立的子公司选址？母公司需要考虑的较为明显的因素有土地价格、地方政府优惠措施、交通便利程度（基础设施）等。此外，还会考虑所面临的产权保护风险、地方官员索取贿赂等。③修建厂房。当地的劳动力价格、工程承包商效率和价格等影响此成本。④购买或从母公司运输机器设备等。最终，影响北方国家的最终品生产商在南方国家 FDI 的固定成本的因素有：南方国家的土地价格、政府优惠措施、税收、契约实施制度、产权保护制度、政治腐败程度、基础设施、劳动力价格等。

接下来，我们将根据本模型的结果，用比较静态的方法精确分析影响北方国家的企业在南方国家离岸生产的因素。

（一）契约实施制度的影响

1. 契约实施制度对北方国家的企业选择离岸生产倾向的影响分析——扩展边际（Extensive Margin）

对离岸生产合意指数 θ 关于最终品生产商匹配成功率 γ 求一阶导数得：

$$\frac{d\theta}{d\gamma}=\frac{\sigma}{2^{\sigma}}\gamma^{\sigma-1}\tau^{\sigma-1}\left[\sigma+\frac{1}{b}-\eta(\sigma-1)\left(1-\frac{1}{b}\right)\right]\left(\frac{w_N}{w_S}\right)^{(1-\eta)(\sigma-1)}$$

由之前的分析可知，$\gamma=\varphi g(1,\ b)$，其中，φ 衡量南方国家契约实施制度的优劣，φ 越大，表明南方国家契约实施制度越好，$\frac{d\gamma}{d\varphi}=g(1,\ b)>0$，且其为 b 的增函数。如果$\frac{d\theta}{d\gamma}>0$，则$\frac{d\theta}{d\varphi}=\frac{d\theta}{d\gamma}\frac{d\gamma}{d\varphi}>0$。具体有：

$$\frac{d\theta}{d\varphi}=g(b)\frac{\sigma}{2^{\sigma}}\gamma^{\sigma-1}\tau^{\sigma-1}\left[\sigma+\frac{1}{b}-\eta(\sigma-1)\left(1-\frac{1}{b}\right)\right]\left(\frac{w_N}{w_S}\right)^{(1-\eta)(\sigma-1)} \tag{3-72}$$

根据前面对各参数的定义和假设，σ 为消费不同差异化最终产品 x_i 之间的替代弹性，$\sigma>1$；γ 为概率值，$0<\gamma<1$；冰山成本$\tau>1$；b 为南方国家中间品生产商数目 q 和北方国家最终品生产商数目 p 之比，$b=\frac{q}{p}$，$b>0$；$0<\eta<1$，且 $1-\eta$ 越大（即 η 越小），则 x 的生产越密集使用 M。M 由南方国家生产，而由于南方国家的契约是不完全的，因此 M 的生产对契约反应敏感。所以，$1-\eta$ 越大，x 越密集使用契约敏感型中间产品 M，导致 x 的契约敏感度增加。因此，$1-\eta$ 可以理解为 x 的契约密集度。$\frac{w_N}{w_S}$是北方国家与南方国家的工资之比，所以$\frac{w_N}{w_S}>0$，且$\frac{w_N}{w_S}$越大，代表南方国家的工资水平越低，其相对北方国家越有劳动禀赋的比较优势。

接下来，我们分析$\frac{d\theta}{d\varphi}$的符号。综合上一段的分析，（3－72）式中除“[　]”之内的项，其他相乘的项都大于0。因此，$\frac{d\theta}{d\varphi}$的符号取决于下式的符号：

$$\sigma+\frac{1}{b}-\eta(\sigma-1)\left(1-\frac{1}{b}\right) \tag{3-73}$$

由（3－73）式可知，当$1-\frac{1}{b}<0$，即 $b<1$ 时，则（3－73）式及$\frac{d\theta}{d\varphi}$一定大于0。也就是说，如果南方国家的中间品生产商数目小于北方国家的最终品生产商数目，则南方国家契约实施制度的进步总能增加离岸生产合意指数，从而促进在南方国家的离岸生产。

继续考察（3－73）式，当$1-\frac{1}{b}>0$，即 $b>1$ 时，η 越大，（3－73）式的值越小。而 η 的取值范围为 $0<\eta<1$。我们令（3－73）式中的 $\eta=1$，得：

$$\min\left[\sigma+\frac{1}{b}-\eta(\sigma-1)\left(1-\frac{1}{b}\right)\right]=1+\frac{\sigma}{b}>0$$

综合上述分析可知，在本模型中，无论给定范围的参数取何值，都有：

$$\sigma+\frac{1}{b}-\eta(\sigma-1)\left(1-\frac{1}{b}\right)>0\Rightarrow\frac{d\theta}{d\varphi}>0$$

因此，南方国家契约实施制度的进步总能促进北方国家的企业在南方国家开展离岸生产。

接下来我们分析 η 对$\frac{d\theta}{d\varphi}$的影响。

（1）当 $b<1$ 时，（3－73）式大于0，且随着 η 增加而增大。但由于$\frac{d\theta}{d\varphi}$中还有$\left(\frac{w_N}{w_S}\right)^{(1-\eta)(\sigma-1)}$项，且该项随 η 增加而减小，因此当 $b<1$ 即南方国家的中间品生产商数目小于北方国家的最终品生产商数目时，η 对$\frac{d\theta}{d\varphi}$的影响不确定。

（2）当 $b>1$ 时，η 越小，（3－73）式的值越大，$1-\eta$ 越大，$\left(\frac{w_N}{w_S}\right)^{(1-\eta)(\sigma-1)}$也越大，从而$\frac{d\theta}{d\varphi}$越大。根据之前的分析，$1-\eta$ 代表差异化最终品 x 的契约密集度。也就是说，当南方国家的中间品生产商数目足够大（即南方国家的市场厚度足够大）时，对于契约密集度越大的产品生产行业，南方国家契约实施制度的进步对于其承接北方国家企业离岸生产的促进作用越大。综合以上分析，我们可以得出：

命题3：南方国家契约实施制度的进步能增加北方国家的企业在南方国家离岸生产的倾向，从而促进南方国家承接离岸生产，即有扩展边际的作用，且这一作用对于契约密集度越大的产品生产行业具有越明显的效果。

2. 契约实施制度对南方国家企业产量的影响分析——集约边际（Intensive Margin）

以上对契约实施制度进步的分析，是从其对北方国家的企业到南方国家离岸生产倾向之影响的角度进行的，从宏观上来看，会增加南方国家承接离岸生产的企业个数，所以可以认为此影响是契约实施制度影响的“扩展边际”。接下来，我们将从南方国家的企业生产中间品产量的角度分析契约实施制度的影响，即“集约边际”。

根据（3－49）式，离岸生产情况下中间投入 M 的产量为：

$$M_O=\frac{A}{bc_{O,M}}\left(\frac{\gamma(b)}{2}\right)(1-\eta)\left(1-\frac{1}{\sigma}\right)\left(\frac{r^{\eta}(bc_{O,M})^{1-\eta}}{\left(1-\frac{1}{\sigma}\right)\frac{\gamma(b)}{2}}\right)^{1-\sigma} \tag{3-74}$$

对 M_O 关于契约实施制度指标 φ 求导得：

$$\frac{dM_O}{d\varphi}=\frac{dM_O}{dr}\frac{dr}{d\varphi}=\frac{\sigma\gamma^{\sigma-1}Ag(b)}{2bc_{O,M}}(1-\eta)(1-1/\sigma)\left(\frac{2r^{\eta}(bc_{O,M})^{1-\eta}}{1-1/\sigma}\right)^{1-\sigma} \tag{3-75}$$

由各参数的定义、取值范围和之前的分析易知，$\frac{dM_O}{d\varphi}>0$。由此可得如下命题：

命题4：南方国家契约实施制度的进步能增加南方国家企业的中间品产量，

即对南方国家的离岸生产有集约边际的作用。

此外，通过对（3－48）式和（3－50）式关于 φ 求导，亦可求出 $\frac{dh_O}{d\varphi}>0$，$\frac{dx_O}{d\varphi}>0$。即南方国家契约实施制度的进步亦能增加北方国家的中间品 h 和最终品 x 的产量。具体求导过程此处不再赘述。

（二）南北国家工资差距的影响

对离岸生产合意指数 θ 关于南北国家的工资差距 $\frac{w_N}{w_S}$ 求一阶导数得：

$$\frac{d\theta}{d(w_N/w_S)}=(1-\eta)(\sigma-1)\left(\frac{\gamma(b)}{2}\right)^{\sigma}\tau^{\sigma-1}\left[\sigma+\frac{1}{b}-\eta(\sigma-1)\left(1-\frac{1}{b}\right)\right]\cdot\left(\frac{w_N}{w_S}\right)^{[(1-\eta)(\sigma-1)-1]}$$

借助上一小节的分析我们知道，等式右边的项中，$(1-\eta)(\sigma-1)\left(\frac{\gamma(b)}{2}\right)^{\sigma}\tau^{\sigma-1}>0$，$\sigma+\frac{1}{b}-\eta(\sigma-1)\left(1-\frac{1}{b}\right)>0$，而且显然 $\left(\frac{w_N}{w_S}\right)^{[(1-\eta)(\sigma-1)-1]}>0$，所以 $\frac{d\theta}{d(w_N/w_S)}>0$。由上一小节的分析我们还可得出，当 $b>1$ 时，$1-\eta$ 越大，$\frac{d\theta}{d(w_N/w_S)}$越大。综上所述，我们可以得出以下命题：

命题5：南方国家工资水平的降低能促进北方国家的企业在南方国家开展离岸生产，且对于契约密集度越大的产品生产行业，其促进效果越明显。

（三）冰山成本的影响

对离岸生产合意指数 θ 关于最终产品运输的冰山成本 τ 求一阶导数得：

$$\frac{d\theta}{d\tau}=(\sigma-1)\left(\frac{\gamma(b)}{2}\right)^{\sigma}\tau^{\sigma-2}\left[\sigma+\frac{1}{b}-\eta(\sigma-1)\left(1-\frac{1}{b}\right)\right]\left(\frac{w_N}{w_S}\right)^{[(1-\eta)(\sigma-1)-1]}$$

由此前的分析可知，上式中等号右边的每一项均为正，因此 $\frac{d\theta}{d\tau}>0$。且随着 $1-\eta$ 的增加，$\frac{d\theta}{d\tau}$增大。

冰山成本的增大反而会促进南方国家承接离岸生产，关键原因在于我们的假设：最终品最后都要运送到南方国家进行消费。如此假设的合理之处在于，它使我们的模型对于市场寻求型的 FDI 有一定的解释力。如果南方国家是某种产品的重要消费国，则当最终产品从北方国家运往南方国家的费用足够高时，若南方国家满足一定的条件（如工资较低、契约制度完善、基础设施状况良好等），就会吸引北方国家企业的直接投资。但若综合考虑中间品运输成本的问题，则冰山成本对于离岸生产的总效应不确定。

（四）均衡状态下最终品生产厂商数目的分析

我们已经在前面分别计算出均衡状态下离岸生产和本国生产时的最终品生产商数目：

$$n_O = \frac{\gamma(b)}{2}\left[1 + \frac{1}{b\sigma} - \eta\left(1 - \frac{1}{\sigma}\right)\left(1 - \frac{1}{b}\right)\right]\mu E/F_O$$

$$n_V = \frac{\mu E}{\sigma F_V}$$

由以上两式容易看出，在离岸生产均衡状态下，最终品生产商数目 n_O 为南方国家契约实施制度 φ、对差异化产品 x 的偏好程度 μ 以及对最终品的市场需求规模 E 的增函数，是离岸生产固定成本 F_O 的减函数。在本国生产均衡状态下，最终品生产商数目 n_V 是对差异化产品 x 的偏好程度 μ 以及对最终品的市场需求规模 E 的增函数，是本国生产固定成本 F_V 的减函数。

七、小结

本节在交易成本视角的不完全契约理论框架下建立了一个南—北两国的开放经济模型，着重分析了不完全契约通过搜寻成本对企业离岸生产决策的影响，并将此影响分为扩展边际和集约边际两部分。此外，模型中还包含了南方国家工资水平、基础设施、市场规模和冰山成本等对离岸生产的影响。本节的主要结论有：①南方国家契约实施制度的进步能同时从扩展边际和集约边际两方面促进在南方国家开展离岸生产，且随着产品契约密集度的增加，扩展边际的作用加强；②南方国家工资水平的降低能促进北方国家的企业在南方国家开展离岸生产，且对于契约密集度越大的产品生产行业，其促进效果越明显；③最终品从北方国家运往南方国家的冰山成本的增加能从一定程度上促进对南方国家市场寻求型 FDI 的流入，但对 FDI 总流入的作用不确定；④南方国家契约实施制度、对差异化产品 x 的偏好程度以及对最终品的市场需求规模都能使离岸生产均衡条件下的最终品生产商数目增加，且后两者亦能使北方国家企业本国生产均衡下最终品生产商的数目增加。

本章总结

本章基于不完全契约理论，分别从产权和交易成本的视角建立了南—北两国开放经济的理论模型，并基于跨国公司的生产组织模式选择问题，重点分析南方国家契约实施制度的进步对其承接北方国家企业离岸生产的影响。

GHM 的核心思想是：由于契约是不完全的，所以关于产品质量、价格及事后分成的事项无法写入契约，因此签约双方只能在或然状态实现后通过讨价还价的方式分配事后收益。而中间品往往具有关系专用性，这导致在事后分成时存在“敲竹杠”问题。如果当事人在事前预期到这种“敲竹杠”问题，则会引发其事前投资不足。剩余所有权能影响当事人在事后的讨价还价能力，拥有剩余所有权（即企业的产权）的一方往往能在事后获得更多的收益分成，但这注定以没有剩余所有权一方的分成降低为代价。最优的产权安排应把剩余所有权赋予在最终品生产中更为重要的一方，增加其事后分成和事前投资激励，以使“敲竹杠”问题导致的效率损失最小。

基于此，本章第一节从产权配置（一体化还是外包）—事后收益分成的角度构建了一个南—北两国模型，分别讨论了不完全契约情况下一体化和外包模式的企业利润、产量和价格，并通过对比完全契约情况下的产品价格，得出不完全契约对南方国家承接中间品生产的影响。

本章第二节基于 TCE 的分析框架，建立了数理模型，将不完全契约对南方国家承接中间品生产的影响分为“扩展边际”和“集约边际”进行讨论。这一节的思路是：南方国家契约制度的优劣（契约不完全的程度）影响北方国家的企业在南方国家搜寻和匹配合作伙伴的成功率，从而影响在南方国家的中间品生产。当这个影响体现为北方国家的企业选择在南方国家生产中间品的倾向上时，则为“扩展边际”；当体现为南方国家中间品生产企业的产量上时，则为“集约边际”。此外，第二节的模型还对南方国家工资水平的影响进行了分析。

本章的主要结论有：

（1）资本密集型产品的生产相对倾向于采取一体化的形式，而劳动密集型的产品往往采用外包形式组织生产。

（2）南方国家契约实施制度的改善能促进其承接国际外包或吸引 FDI 流入，且对于契约密集度越高的行业促进作用越明显。

（3）南方国家契约实施制度的进步能增加北方国家的企业在南方国家离岸生产的倾向，从而促进南方国家承接离岸生产，即有扩展边际的作用，且这一作用对于契约密集度越大的产品生产行业具有越明显的效果。

（4）南方国家契约实施制度的进步能增加南方国家企业的中间品产量，即对南方国家的离岸生产有集约边际的作用。

（5）南方国家工资水平的降低能促进北方国家的企业在南方国家开展离岸生产，且对于契约密集度越大的产品生产行业，其促进效果越明显。

第四章　不完全契约与 FDI

——基于国别数据的经验研究

在第三章的模型中，我们分析了契约实施制度影响 FDI 的理论机制。模型的结论表明，一国契约实施制度的改善能促进该国 FDI 的流入。在本章中，我们将运用 2001 ~ 2010 年 126 个国家（包括 36 个发达国家和 90 个发展中国家）的非平衡面板数据，对该结论进行多方位的、细致的实证检验。接下来，我们将首先建立一个基础的计量方程进行初步的回归，然后使用工具变量法和分位数回归进行较为细致的实证分析。

第一节　基础计量方程与初步回归

本节中，我们将根据第三章的研究和相关的文献，首先建立一个基础的计量方程进行初步的回归，并做一些稳健性分析。

一、相关文献简介

近年来，世界 FDI 迅猛发展。根据联合国贸易和发展会议（UNCTAD）发布的《世界投资报告》，2000 ~ 2011 年世界 FDI 存量从约 74 万亿美元增至约 200 万亿美元，接近原来的三倍。从流量看，2001 ~ 2007 年世界 FDI 流量从约 8. 25 万亿美元增至约 21 万亿美元。同时我们看到，国际间的投资也表现出较为明显的区域不平衡现象。根据鲁明泓（1999）的估计，北美和西欧吸引了全球国际直接投资的 60% ~ 70%，拉丁美洲和东亚、南亚吸引了余下份额中的绝大部分。美国等吸引国际直接投资最多的 10 个国家约占全球直接投资的 65% ~ 75%。我们用 UNCTAD 发布的《世界投资报告》中的数据进行计算，发现 2009 年世界 230 多个国家 FDI 流量总额为 111418. 9 亿美元，而 FDI 流入最多的前 20 个国家就有

78138.34 亿美元，约占当年世界 FDI 总流量的 70%。从发达国家和发展中国家的角度来看，2009 年 36 个主要发达国家的 FDI 流入量恰好也占当年世界 FDI 流量的约 70%。对于大多数开放国家，特别是对于像中国这样有较强对外依存度的发展中国家而言，FDI 对其经济的作用不容忽视。

截至目前，已有不少文献研究了影响 FDI 区位分布的因素。Markusen（1984）建立了一个一般均衡的分析框架，从跨国公司进行国外直接投资的角度研究了 FDI 的区位选择问题。Markusen 所研究的 FDI 实际上是所谓的“水平型”（Horizontal）FDI，是对出口的一种替代策略。他认为，跨国公司进行对外直接投资是出于获得市场份额或降低交易成本的动机。当国外的目标市场较大，且在当地投资建厂成本较低时，或向目标市场出口的成本较高时，跨国公司将可能采用在当地 FDI 的形式占有市场。Helpman（1984）则通过建立一般均衡模型，研究了跨国公司进行“垂直型”（Vertical）FDI 的动因。Helpman 认为，跨国公司进行垂直型 FDI 的动因是使用东道国廉价的劳动力。它们通过 FDI 设立子公司，把劳动密集型的生产环节放在有丰裕廉价劳动力的东道国。在东道国的子公司将中间投入生产完成后，再运往母国。由于产品生产过程往往具有某些共同的考虑，比如使工厂靠近目标市场、考虑地区劳动和资源禀赋以及运输成本等，无论是水平型还是垂直型的 FDI 都可能具有“集聚效应”。Wheeler 和 Mody（1992）认为，集聚效应是地区外资存量、工业化水平和基础设施等的函数。他们的研究发现，市场规模和集聚效应是影响美国的跨国公司在发展中国家的投资区位决策的重要因素。此外，Highfield 和 Similey（1987）、Friedman 等（1992）、Wang 和 Swain（1995）、Chang 和 Park（2005）等分别从不同角度，或运用不同的方法研究了东道国市场规模、资源禀赋、基础设施以及与跨国公司母国的地理和文化距离等因素对 FDI 区位分布的影响。

通过对以上文献的总结，发现影响 FDI 区位分布的因素有东道国的市场规模、资源禀赋和基础设施等，可以归类为非制度因素。也有一些学者研究了制度因素对 FDI 区位分布的影响。Agodo（1978）发现，稳定的政治和友好的政策环境显著地促进了美国的制造业企业在非洲的投资。Kumar（1990）则发现，东道国较高的环境保护标准和严格的污染管制政策不利于吸引跨国公司的投资。Xing 和 Kolstad（2002）通过研究美国企业的海外选址情况也支持了东道国环境保护标准的类似影响。Globerman 和 Shapiro（2002）用 1995 ~ 1997 年 98 个国家的面板数据进行实证分析，发现公正高效的法律体系、可信的公共机构以及开明放任的政府政策同样能够促进 FDI 的流入。国内的鲁明泓（1999）则将影响 FDI 的制度因素分为四类，从制度的各个层面较为详细地分析了制度对 FDI 的作用。这四类制度分别是：①国际经济制度安排（主要包括东道国签署的双边投资保护条约、参与的经济一体化组织、东道国的贸易壁垒及其对外资的态度等)；②经济制度（主要包括东道国的经济自由程度、市场完善程度和金融外汇制度等)；③法律制度（主要包括东道国的法律完善程度和私有财产保护程度)；④企业运行的便利性（主要包括企业运行障碍、税收制度和政府清廉度等)。

根据本书第三章的研究，优秀的契约实施环境能通过缓解“敲竹杠”问题、降低搜寻成本、增加企业匹配成功率等途径，分别从促进企业选择离岸生产的倾向（扩展边际）和增加产量（集约边际）两方面增加东道国的 FDI 流入，本章将对这一结论进行验证。本章的分析与之前的文献有三处重要不同。首先，本章的分析具有第三章的理论基础，对契约实施制度影响 FDI 区位分布的机制有较为清晰的把握，这与之前的文献将制度作为简单的成本因素不同；其次，本章选取了 2001 ~2010 年 126 个国家的面板数据，覆盖了几乎所有的发达国家和绝大多数重要的发展中国家，使得我们的研究具有代表性；最后，本章的实证处理区分了发达国家和发展中国家，并采用分位数回归的方法，对 FDI 的区位分布进行了不同层次的、细致的实证考察。此外，考虑到契约实施制度可能存在内生性问题，本章还使用了工具变量法。

二、模型设定和变量说明

（一）模型设定

基于本书第三章和上述文献的分析，本章选取契约实施制度、产权保护、经济规模、集聚效应、劳动禀赋、人力资本、基础设施和贸易自由度作为 FDI 的解释变量，建立如下计量模型：

$$\ln FDI_{it} = \beta_0 + \beta_1 contract_{it} + \beta_2 protect_{it} + \beta_3 \ln gdp_{it} + \beta_4 \ln stock_{it} + \beta_5 labor_{it} + \beta_6 infra_{it} + \beta_7 freetrade_{it} + u_{it}$$

其中，下标 i 表示国别，下标 t 表示年份；$\ln FDI_{it}$是 FDI 的对数值；$contract_{it}$表示契约制度；$protect_{it}$表示产权保护；$\ln gdp_{it}$是 GDP 的对数值，用以衡量经济规模；$\ln stock_{it}$是外资存量的对数值，用以衡量集聚效应；$labor_{it}$表示劳动禀赋；$infra_{it}$表示基础设施；$freetrade_{it}$表示贸易自由度；u_{it}是随机误差项；β_0 ~ β_7 是回归系数，其中，β_1 是我们主要关心的变量契约制度的系数。

（二）变量说明、指标选取与数据来源

1. FDI

本章所用的 FDI 包括流量数据和存量数据，均来自联合国贸易与发展会议（UNCTAD）数据库 UNCTADSTAT，其单位统一为百万美元。其中，FDI 存量作为解释变量时用以衡量 FDI 的集聚效应。集聚效应的预期符号为正。

2. 契约制度

为了使实证结果更加稳健，我们分别选用了以下指标来衡量契约制度的

优劣。

（1）契约法律实施效率（Legal Anforcement of Contracts），下文用 contrlegal 表示。该指标来源于《2012 经济自由度报告》（2012 Economic Freedom Report，EFR），是基于世界银行的营商环境（Doing Business）分析所得，评估完全收到索赔所需要的时间和金钱。假定索赔等于该国家人均收入的 200%，同时要求司法判决有利于原告且原告已经履行契约。0 ~ 10 的评级由时间成本和货币成本构成：①时间成本是从申请诉讼时刻起到最终付款的天数；②货币成本是索赔的百分比。契约法律实施效率指标是将时间成本和货币成本取平均值所得。契约实施时间成本或货币成本 0 ~ 10 等级的计算公式为：$10\times(V_{max}-V_i)/(V_{max}-V_{min})$，$V_i$ 表示时间成本或货币成本，其中，成本最大值 V_{max} 设定为 725 天和 82.3%（高于平均水平 1.5 个标准差），成本最小值 V_{min} 设定为 62 天和 0%（低于平均水平 1.5 个标准差）。相应地，若某国的最终评级在 V_{max} 和 V_{min} 的范围外，则认为其评级为 0 或 10。根据本书第三章的分析，契约制度越好、契约实施效率越高，则 FDI 水平越高，所以其预期符号为正。

（2）法律体系完整性（Integrity of the Legal System），下文用 legalinteg 表示。该指标来源于《2012 经济自由度报告》，基于国际国家风险指南（International Country Risk Guide），考虑“法”和“令”两方面，“法”评估了法律体系的力量和公平，“令”评估了大众对于法律的遵守。法律体系的完整性越好，大众对法律越遵守，则该国法律制度越优秀，因此，其预期符号为正。

（3）契约实施成本（Enforcing Contract Cost），下文用 contrcost 表示。该指标来源于世界银行的营商环境（Doing Business）数据。假定契约的索赔是人均收入的 200%，契约实施成本是该索赔的百分比，这里不计入贿赂成本。契约实施成本包含诉讼成本、执行成本和平均律师费用三方面。诉讼成本包括在不考虑原告最终成本的情况下，卖方（原告）事先给法庭的所有诉讼费用；执行成本是在通过公开拍卖买方的流动资产来执行判决时，卖方（原告）必须预付的成本，不考虑最终成本；平均律师费用是卖方（原告）支付给律师的费用，使其在案件中代表卖方辩论。契约实施成本越高，企业在被“敲竹杠”时越难通过第三方挽回损失，这使得对企业有负向激励，因此其预期符号为负。

（4）契约实施时长（Enforcing Contract Time），下文用 contrtime 表示。该数据来源于世界银行的营商环境（Doing Business）分析。契约实施时长记录为从在法庭申请诉讼时起到最终付款结束经历的日历天数，这里包括采取行动的时间，也包括中间等待的时间。契约实施时长包含三个不同的阶段：程序的完成（提交诉讼文件和立案的时间）、下发判决（审判和获取判决的时间）和支付索赔（执行判决的时间）。与契约实施成本的作用类似，其预期符号为负。

（5）契约实施程序个数（Enforcing Contract Procedures），下文用contrprocd表示。数据来源于世界银行的营商环境（Doing Business）分析。契约实施程序包含根据法律规定或者在实践中常用的，当事人之间以及当事人和法官之间的所有互动，其他的程序如法院内部或者当事人和律师之间的互动也可计入在内。程序步骤包括提交和立案的程序、指派案件给法官的程序、审讯和判决的程序，以及执行该判决的必要程序。同样，其预期符号为负。

3. 产权保护

契约实施制度和产权保护制度是制度体系中最重要的部分。为较为全面地分析制度因素对FDI的影响，我们还选取了产权保护作为解释变量。本书选取了两个衡量产权保护的指标。

（1）产权保护（Protection of Property Rights），下文用ppr表示。产权保护指标来源于《2012经济自由度报告》，该报告发展了《全球竞争力报告》（Global Competitiveness Report，GCR）中关于产权保护的评级标准。GCR中关于产权保护的调查问题为"你如何评价包含金融资产在内的产权保护"，其评级范围是1～7，当指标等于1时，表示产权定义不清且不受法律保护；当指标等于7时，表示产权有明确定义并且受法律保护。EFR将GCR中的变量做了转换，从原来的1～7等级转换为0～10等级，转换公式为：$EFR_i=[(GCR_i-1)/6]\times 10$。产权保护指标数值越高，表示产权定义越清晰且受法律保护的程度越高，其预期符号为正。

（2）投资者保护强度（Strength of Investor Protection Index），下文用investor表示。投资者保护强度指标来源于世界银行的营商环境（Doing Business）分析。投资者保护强度指标是信息披露程度指标、董事责任程度指标和股东诉讼便利指标的平均值，取值范围为0～10，指标数值越大，意味着投资者保护越强。其中，①信息披露程度指标综合考虑五个方面：企业内哪个法人团体能够为交易提供充分合法的批准；是否需要向公众、监管机构或者股东直接披露交易信息；年度报告中是否要求信息披露；股东是否需要向董事会或监事会披露信息；交易发生前是否需要外部机构如外聘审计员的审核。信息披露程度指标数值的范围为0～10，数值越高，表示信息披露越多。②董事责任程度指标包含七个方面的内容：原告股东是否能够使被告股东对买卖双方交易给该公司造成的损害承担责任；法庭是否会基于原告股东的成功要求使交易无效；被告股东是否会被罚款或监禁等。董事责任程度指标值的范围为0～10，数值越高，意味着董事承担的责任越大。③股东诉讼便利指标考虑在审讯过程中原告股东可得的文件范围、原告能否直接检查被告和证人、原告能否从被告那里得到相关文件的目录等六方面的内容。股东诉讼便利指标数值的范围为0～10，数值越高，表示交易中股东权力越大，行事越方便。其预期符号为正。

4. GDP 和人均 GDP

我们用 GDP 来衡量市场规模，GDP 越高，说明该国的市场规模（或市场厚度）越大，与该国企业合作就越不易被“敲竹杠”。因此，GDP 的预期符号为正。我们用人均 GDP 表示劳动力成本。一国人均 GDP 越高，说明该国劳动力的平均产值越高，劳动力价值越高，因此对于企业来说劳动力成本越高，其预期符号为负。GDP 和人均 GDP 的数据来自世界银行的世界发展指标（WDI），各国 GDP 统一用美元表示。

5. 基础设施

（1）公路密度。来源于世界发展指标，下文记为 road。用该国公路网络与国土面积的比值表示，即每 100 平方公里国土面积的公路里程数，单位为公里/百平方公里。公路网络包括该国全部的公路，即高速公路、机动车道、国道、地区公路和其他城乡公路。但这一指标统计的国家较少，以至于如果采用它，我们将损失大量样本。

（2）航空运输量。数据来自 WDI，下文记为 air。该指标是飞机每个飞行阶段（从起飞到下一个着陆点）搬运的货运、快递和外交信袋量，以吨乘以飞行的公里数计。这个数据同样存在与公路密度相同的问题。

（3）固定电话服务。数据来自国际电信联盟（ITU），下文记为 telephone，用每 100 个居民中使用固定电话的用户数量表示。这一数据较全，且能很好地反映一国的通信基础设施，文中我们将主要采用这一指标。基础设施指标的预期符号为正。

6. 贸易自由度

贸易自由度指标来源于《2012 经济自由度报告》，下文用 freetrade 表示。它是以下四种评级指标的平均值：①关税：包括税收收入和关税税率。税收收入（占贸易部门的百分比）的计算公式为 $10\times(V_{max}-V_i)/(V_{max}-V_{min})$，其中，$V_i$ 表示贸易税收收入占部门的比重，V_{max} 和 V_{min} 的值分别为 15% 和 0%。而关税税率考虑非加权的平均税率和税率标准差，其计算公式同税收收入，其中，V_i 表示某国的平均税率或者税率标准差，平均税率的 V_{max} 和 V_{min} 值分别为 50% 和 0%，而税率标准差的 V_{max} 和 V_{min} 值分别为 25% 和 0%。因此，等级 10 表示该国不征收关税或征收统一关税。平均税率或税率标准差越高，该国关税评级越低。②监管贸易壁垒：包含非关税贸易壁垒和进出口遵从成本。a. 非关税贸易壁垒指标将 GCR 中的评级范围由 1 ~ 7 发展为 0 ~ 10，关于非关税贸易壁垒的调查问题为“你所在国家的关税和非关税贸易壁垒限制商品进口能力的程度如何”，当指标等于 1 时，表示贸易壁垒强烈限制商品进口；当指标等于 7 时，表示贸易壁垒不限制商品进口。EFR 通过公式 $EFR_i=[(GCR_i-1)/6]\times10$ 将其转换为 0 ~ 10 的等级标准。b. 进出口遵从成本由两方面构成：出口商品的时间成本（以天计）和进口商品的时间成本（以天计），评级公式同税收收入评级公式 $10\times(V_{max}-V_i)/(V_{max}-V_{min})$，其中，$V_i$ 表示时间成本值，根据实际统计数据，出口和进口时间最大值 V_{max} 的值分别设定为 62 天和 80 天，出口和进口时间最小值 V_{min} 分别设定为 2 天和 0 天。将两者求平均值可得进出口遵从成本指标，时间成本越大，该国进出口遵从成本评级越低。③黑市汇率：这一构成部分是黑市汇率和官方汇率的百分比差异。评级公式同上，其中，V_i 是该国黑市汇率溢价，V_{max} 和 V_{min} 的值设定为 50% 和 0% 。④对资本和人的活动的管制，包含三方面：一是外国所有权/投资限制也是将 GCR 的 1～7 评级标准转换为 0～10 评级标准。评级数值越高，表示该国对外国所有权/投资的限制越低。二是资本管制：IMF 报告中提到了 13 种国际资本管制，其中，未征收的资本管制占总资本管制的百分比再乘以 10 就得到了资本管制评级指标。三是外国人自由参观指标测度的是到某国参观的外国游客需要签证的国家数占比。评级公式同税收收入评级公式，其中，V_i 是需签证国家数占比，V_{max} 和 V_{min} 的值设定为 47.2 和 0。以上三个评级指标的平均值即对资本和人的活动的管制指标。根据前文引用的文献，贸易壁垒较高可能会促进水平型的 FDI，而贸易壁垒较低则会促进垂直型的 FDI。因此，贸易自由度指标的符号不确定。或者，如果其符号为正，说明垂直型的 FDI 解释力较强。

7. 契约实施制度的工具变量

为了考察模型是否有严重的内生性问题，我们接下来采用法律起源作为契约实施制度的工具变量，进行 2SLS 回归，并用豪斯曼检验是否存在内生性。我们将各国的法律起源分为普通法系和大陆法系，用虚拟变量表示。在本章第三节，我们将详细解释其合理性。

各变量衡量指标、数据来源及预期符号如表 4－1 所示。

表 4－1　各变量衡量指标、数据来源及预期符号

变量名称	指标选取	数据来源	单位	预期符号
契约实施制度	契约法律实施效率	《2012 经济自由度报告》	1～10 评级	+
	法律体系完整性	《2012 经济自由度报告》	1～10 评级	+
	契约实施成本	世界银行营商环境报告	%	－
	契约实施时长	世界银行营商环境报告	天	－
	契约实施程序个数	世界银行营商环境报告	个	－
产权保护	产权保护指标	《2012 经济自由度报告》	1～10 评级	+
贸易自由度	贸易自由度指标	《2012 经济自由度报告》	1～10 评级	?
投资者保护	投资者保护强度	世界银行营商环境报告	1～10 评级	+

续表

变量名称	指标选取	数据来源	单位	预期符号
基础设施	公路密度	世界发展指标	每100平方公里	+
	航空运输量	世界发展指标	百万吨×公里	
	固定电话服务	国际电信联盟	每100人	
劳动禀赋	人均GDP	世界发展指标	美元	-
工具变量	法律起源	世界银行"法与金融：法律起源为什么重要?"	普通法系=1 其他法系=0	

（三）变量统计描述

表4-2为变量统计描述。

表4-2 变量统计描述

变量名称	含义	个数	均值	标准差	最小值	最大值
lnflowfdi	FDI流量对数	1208	6.996238	2.337059	-3.5066	12.63254
lnstockfdi	FDI存量对数	1255	9.269242	2.415051	-0.3285	15.08283
contrlegal	契约法律实施效率	1089	4.49888	1.835801	0	10
legalinteg	法律体系完整性	1105	6.198887	2.276242	0	10
contrtime	契约实施时长	845	615.084	296.8024	120	1715
contrcost	契约实施成本	845	34.53763	26.559	7.7	149.5
contrprocd	契约实施程序个数	845	36.53254	5.826923	21	51
ppr	产权保护	1043	5.486989	2.015984	0.91	9.61
investor	投资者保护强度	614	5.136156	1.587336	1.7	9.7
lngdpper	人均GDP	1260	8.186975	1.648145	4.7231	11.68412
road	公路密度	602	84.65252	118.2019	0.72	968
air	航空运输量	1039	1348.072	4487.815	0	61683.55
telephone	固定电话服务	1256	21.28433	20.15837	0.08	74.69

由于本书选取变量较多，因此，为了避免多重共线性和繁复回归，我们将只对一些具有重复含义的变量进行相关性分析，然后用代表性的变量参与回归，进行稳健性检验。

1. 契约实施制度与FDI

由契约实施制度指标与FDI的相关系数矩阵（见表4-3）我们可以很清楚地看出，无论是对于FDI流量还是对于FDI存量，契约实施制度各指标与FDI的相关系数符号均符合我们的预期，且其相关系数绝对值较大（多在 0.4 以上），这初步说明了契约实施制度对 FDI 的作用，证实了第三章的结论。

表 4-3 契约实施制度指标与 FDI 的相关系数矩阵

	lnflowfdi	lnstockfdi	contrlegal	legalinteg	contrtime	contrcost	contrprocd
lnflowfdi	1.0000						
lnstockfdi	0.9259	1.0000					
contrlegal	0.4810	0.5381	1.0000				
legalinteg	0.5382	0.5952	0.5755	1.0000			
contrtime	-0.2199	-0.2749	-0.6626	-0.3913	1.0000		
contrcost	-0.3911	-0.4196	-0.6579	-0.3398	0.1036	1.0000	
contrprocd	-0.3317	-0.3960	-0.4167	-0.4717	0.3262	0.1964	1.0000

2. 产权保护与 FDI

由产权保护指标与 FDI 的相关系数矩阵（见表 4-4）也可以看出，产权保护与 FDI 的相关系数符合我们的预期，且其值多在 0.4 以上，说明产权保护制度亦与 FDI 正相关。

表 4-4 产权保护指标与 FDI 的相关系数矩阵

	lnflowfdi	lnstockfdi	ppr	investor
lnflowfdi	1.0000			
lnstockfdi	0.9265	1.0000		
ppr	0.5290	0.5622	1.0000	
investor	0.3988	0.4099	0.3958	1.0000

3. 工资水平、市场规模、基础设施与 FDI

如表 4-5 所示，工资水平、市场规模、基础设施与 FDI 的关系基本上也符合我们的预期，其相关系数为正，且绝对值较大。我们还可以发现，不同类别解释变量之间的相关系数在可接受范围之内，不存在严重的多重共线性。此外，值得注意的是，衡量工资水平的人均 GDP 指标与 FDI 的相关系数为正。这是因为我们没有控制其他变量的影响，人均 GDP 较高的国家一般具有良好的契约制度环境、基础设施和市场规模等，因此这里显示出正向关系。

表 4 -5 工资水平、市场规模、基础设施与 FDI 的相关系数矩阵

	lnflowfdi	lnstockfdi	lngdp	lngdpper	road	lnair	telephone
lnflowfdi	1. 0000						
lnstockfdi	0. 9202	1. 0000					
lngdp	0. 8394	0. 8905	1. 0000				
lngdpper	0. 5734	0. 6833	0. 5183	1. 0000			
road	0. 2471	0. 2799	0. 1156	0. 4442	1. 0000		
lnair	0. 6558	0. 6899	0. 7368	0. 3905	0. 1628	1. 0000	
telephone	0. 5148	0. 6189	0. 4895	0. 8849	0. 4589	0. 4202	1. 0000

接下来我们将进行更为严格的计量分析。为避免指标的重复和繁复回归，并防止个别变量导致样本的较大损失，我们将只选取以下代表性变量进行计量分析：lnflowfdi、legalinteg、ppr、lngdp、lnstockfdi、lngdpper、telephone 和 freetrade。此外，为检验契约制度指标的稳健性，我们还将选取 contrprocd 和 contrtime 作为衡量契约制度变量 legalinteg 的替代指标。为更加直观地展现契约实施制度和 FDI 的关系，我们绘制了不同契约制度指标与 FDI 的散点图，如图 4 -1 所示。

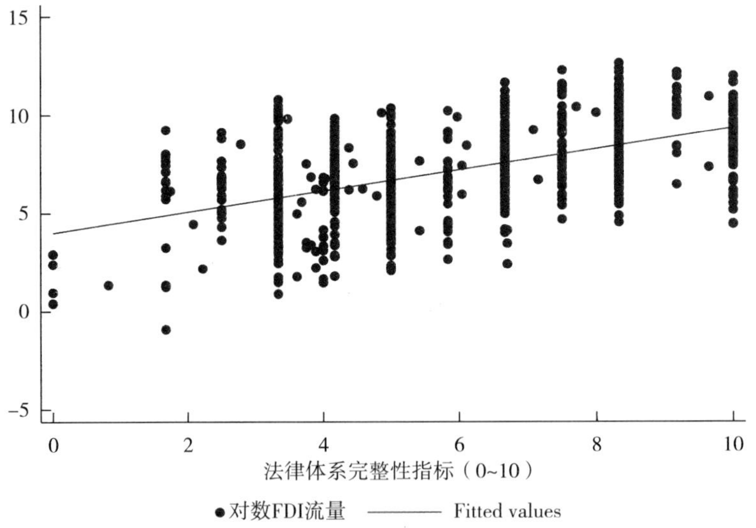

图 4 -1 lnflowfdi 和 legalinteg 的散点图

由图 4 -1 可以很直观地看到，契约实施制度与 FDI 之间具有较为明显的正向关系。

实施契约的天数用来衡量契约制度的效率，天数越长说明契约制度效率越差，因此其与FDI应呈现负向关系。图4-2很好地证实了我们的预期。

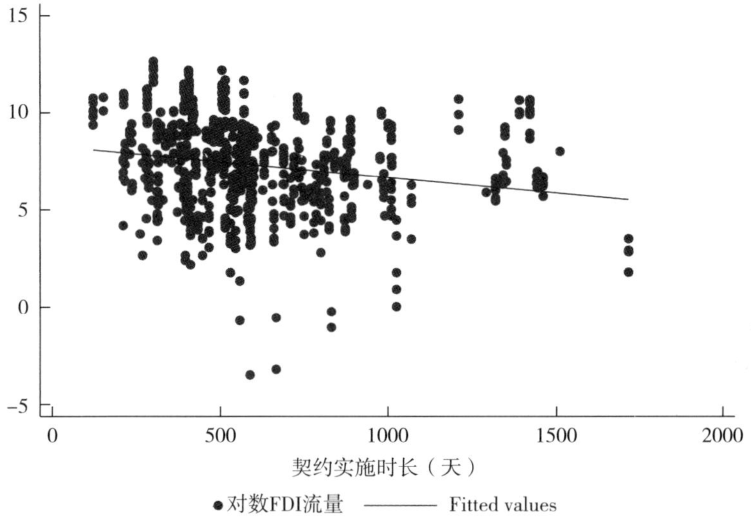

图4-2 lnflowfdi 和 contrtime 的散点图

契约实施的程序越繁杂，说明契约实施制度的效率越低，因此其与FDI应呈现负向关系。如图4-3所示。

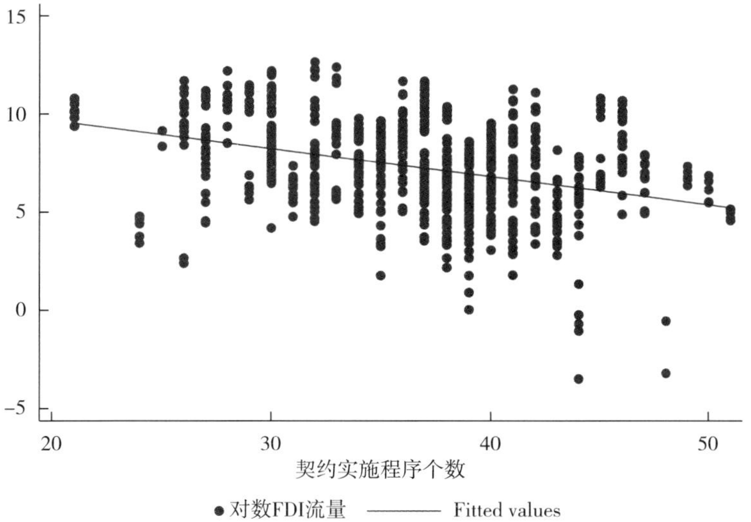

图4-3 lnflowfdi 和 contrprocd 的散点图

三、初步回归结果及其分析

1. 全样本数据的面板固定效应模型

我们选取的样本为2001～2010年包括36个发达国家和90个发展中国家共126个国家的面板数据。尽管包含少量缺失值，但我们的观测值仍有近千个，几乎涵盖了所有的发达国家和主要的发展中国家。我们首先对整体样本进行了OLS回归，所用模型为固定效应模型（之后我们给出了检验模型设定正确性的豪斯曼检验和F检验结果）。为体现结果的稳健性，我们采用了逐步加入控制变量的方法。结果如表4－6所示。

表4－6　契约实施制度与FDI（固定效应）

	(1) lnflowfdi	(2) lnflowfdi	(3) lnflowfdi	(4) lnflowfdi	(5) lnflowfdi	(6) lnflowfdi	(7) lnflowfdi
legalinteg	0.157*** (3.30)	0.0878** (1.94)	0.116*** (2.75)	0.113*** (2.82)	0.115*** (2.87)	0.114*** (2.86)	0.105*** (2.63)
ppr		0.391*** (13.46)	0.174*** (5.20)	0.176*** (5.53)	0.173*** (5.43)	0.170*** (5.35)	0.160*** (4.98)
lngdp			0.905*** (10.85)	−0.0277 (−0.22)	1.414** (2.08)	1.345** (1.99)	1.542** (2.27)
lnstockfdi				0.747*** (9.62)	0.732*** (9.41)	0.765*** (9.70)	0.752*** (9.53)
lngdpper					−1.540** (−2.16)	−1.496** (−2.10)	−1.648** (−2.31)
telephone						0.0177** (2.26)	0.0144* (1.82)
freetrade							0.150** (2.39)
_cons	6.332*** (21.49)	4.941*** (15.15)	−4.200*** (−4.64)	−1.192 (−1.31)	−4.073** (−2.52)	−4.439*** (−2.74)	−6.130*** (−3.47)
R^2	0.297	0.329	0.752	0.794	0.573	0.647	0.630
N	1064	935	934	934	934	933	933

注：表中数据为变量的系数估计值，括号中为相应的t值。***表示1%的显著性水平，**表示5%的显著性水平，*表示10%的显著性水平。R^2是回归平方和，N表示模型观测值个数。

我们使用（7）式的回归方程检验应使用混合模型、随机效应模型还是固定效应模型。首先，我们用 F 检验分析混合模型和随机效应模型的优劣；其次，我们用豪斯曼检验分析随机效应模型和固定效应模型的优劣。以下分别是 F 检验和豪斯曼检验的结果。

模型设立正确性的检验：

F 检验结果：

Breusch and Pagan Lagrangian multiplier test for random effects

lnflowfdi[countries, t] = Xb + u[countries] + e[countries, t]

Estimated results:

	Var	sd = sqrt (Var)
lnflowfdi	4.000406	2.000102
e	0.4227168	0.6501668
u	0.2047246	0.452465
Test: Var(u) = 0		
	chibar2 (01) = 267.17	
	Prob > chibar2 = 0.0000	

豪斯曼检验结果：

	---- Coefficients ----			
	(b)	(B)	(b - B)	sqrt (diag (V_b - V_B))
	FE	RE	Difference	S. E.
legalinteg	0.1050877	0.0188106	0.0862771	0.0308631
ppr	0.1595673	0.1134362	0.0461311	0.019295
lngdp	1.542391	0.1441838	1.398207	0.6781729
lnstockfdi	0.7515227	0.779158	-0.0276353	0.0578601
lngdpper	-1.647503	-0.1854364	-1.462067	0.7088748
telephone	0.0143579	-0.0004246	0.0147825	0.0066711
freetrade	0.1495721	0.1308633	0.0187088	0.0443437
b = consistent under Ho and Ha; obtained from xtreg				
B = inconsistent under Ha, efficient under Ho; obtained from xtreg				
Test: Ho: difference in coefficients not systematic				
chi2 (7) = (b - B)' [(V_ b - V_ B) ^ (- 1)] (b - B)				
= 28.70				
Prob > chi2 = 0.0002				

由 F 检验的结果可知，其 p 值为 0. 0000，在 1% 的水平下显著，应拒绝原假设，说明随机效应模型优于混合模型；由豪斯曼检验的结果可知，其 p 值为 0. 0002，在 1% 的水平下显著，应拒绝原假设，采用固定效应模型而不是随机效应模型。因此，表 4 –6 中采用固定效应模型是正确的。

2. 回归结果分析

由表 4 –6 可知，回归结果很好地支持了本书第三章的结论和大多数相关文献的研究。具体地，从世界范围（全样本 126 个国家）来看：

第一，契约实施制度的系数在顺次加入控制变量的回归式（1）~（7）中保持显著为正，甚至其大小都没有显著变化。契约实施制度进步 1 个单位，能促进 FDI 流量增加约 0. 1%。在控制了产权保护、市场规模、工资水平、基础设施和贸易自由度等变量后，其影响仍然稳健。根据本书第三章的分析，良好的契约制度环境能通过降低企业被“敲竹杠”的风险、减少搜寻匹配成本等促进 FDI，此处的回归结果证实了我们的猜想和推论。

第二，制度的另一方面——产权保护制度对 FDI 的影响也显著为正，而且在控制了其他变量的影响后仍然显著。产权保护指标提高 1 个单位，能促进 FDI 增加约 0. 16%。这说明跨国公司在寻找投资地点时，不仅考虑东道国的契约制度环境，也关注其产权保护制度。显然，良好的产权保护制度能保障外资企业的合法权益，对其投资产生正向的激励。

第三，市场规模（这里用 GDP 表示）对 FDI 亦有非常显著的促进作用。一国的 GDP 每增长 1%，能促进流向该国的 FDI 增加约 1. 542%，FDI 的增长率甚至大于 GDP 的增长率。这也在一定程度上说明了国际间的合作和投资正日益加强，其增长速度超过了 GDP 的增长速度。正如本书第三章所分析的，市场规模（或市场厚度）越大，厂商被“敲竹杠”的风险越小，因此市场规模较大的地区更容易吸引跨国公司的直接投资。

第四，集聚效应（用 FDI 存量表示）对 FDI 的促进作用亦得到了证实。我们可以看到，lnstockfdi 的系数在不同的回归方程中保持在 1% 的水平下显著为正，其系数大小也非常稳定。FDI 存量每增加 1%，能促进 FDI 流量增加约 0. 75%，其促进作用也较为明显。

第五，劳动禀赋的作用亦符合我们的预期和绝大多数的研究。一国工资水平（这里用人均 GDP 表示）越高，越不利于 FDI 流入该国。在控制了其他变量的作用的情况下，人均 GDP 每增加 1%，FDI 将减少约 1. 6%。其作用也是相当显著和不容忽视的。这说明至少在我们的观测期内（2001 ~2010 年），FDI 仍具有较为明显的寻求廉价劳动力的动机。

第六，基础设施（这里用每百人拥有的固定电话数量表示）对 FDI 亦有较为显著的正向作用。已有大量研究表明，基础设施对FDI等多种经济表现产生正向影响。而我们第三章的研究也发现，一国完善的基础设施能降低外资企业的固定成本和交易成本，从而增加FDI。

第七，贸易自由度对FDI的作用也为正，且有5%的显著水平。根据相关文献和本书之前的分析，较高的贸易自由度（即较低的贸易壁垒）能降低中间品的跨国贸易成本，从而促进“垂直型”的FDI；但贸易壁垒的降低会刺激跨国公司的出口，在一定程度上降低市场寻求动机的“水平型”FDI。因此，虽然在前文我们认为贸易自由度对FDI整体的效应不确定，但实证结果表明，贸易自由度的系数显著为正，这说明“垂直型”的FDI理论更有说服力，换句话说，当今世界的FDI主要是垂直型的。

此外，在加入了足够的控制变量后，计量模型的回归平方和达到了0.6以上，说明我们的实证结果有较强的解释力。

3. 发展中国家的契约实施制度与FDI

本书第三章的模型是关于发达国家跨国公司在发展中国家区位选择的南—北模型。在模型中，我们假设北方国家的契约制度是完美的，因此其契约是完全的。南方国家的契约制度不完善且存在国别差异，导致北方国家的跨国公司在权衡之后进行区位决策。这意味着本书理论部分的预言对发展中国家的情况更有解释力。因此，在接下来的分析中，我们将重点分析发展中国家的情况。表4－7汇报了基于2001～2009年90个发展中国家非平衡面板数据的回归结果。同样，检验结果表明我们仍应采用固定效应模型，这里就不再赘述检验过程。

表4－7的实证结果表明，发展中国家的契约实施制度对FDI亦有显著的促进作用，且其他变量也都有较高的显著性水平且其符号也都符合预期，这里就不再赘述。一个值得注意的问题是，无论是单独看契约实施制度的影响（回归式(1)），还是在控制了其他变量的影响后，发展中国家契约实施制度的系数都显著大于总体样本的相应系数，前者比后者大30%左右。对比表4－6和表4－7可知，这个发现在回归式（1）～（7）中都成立。这说明，对于发展中国家，其契约实施制度的进步对FDI的促进作用更大。从吸引外资的角度看，发展中国家努力提升契约实施制度质量更“划算”，这也符合本书第三章模型的预期。另一个值得注意的地方是，在加入了“集聚效应”变量（FDI存量）后，虽然市场规模（GDP）和工资水平（人均GDP）的系数符号仍符合预期，但已变得不显著。对比总体样本的情况，一个可能的原因是，包括中国在内的“金砖四国”、东南亚国家和南美洲国家等主要发展中国家多为外向型经济，其GDP、人均GDP与FDI存量之间可能存在较强的相关性，因此导致三者之间存在较强的共线性问题。所以，在加入FDI存量后，GDP和人均GDP的影响已经被包含在内，从而

其系数变得不显著。

表 4－7　发展中国家的契约实施制度与 FDI

	(1) lnflowfdi	(2) lnflowfdi	(3) lnflowfdi	(4) lnflowfdi	(5) lnflowfdi	(6) lnflowfdi	(7) lnflowfdi
legalinteg	0.209 *** (3.87)	0.156 *** (3.04)	0.157 *** (3.38)	0.162 *** (3.51)	0.166 *** (3.59)	0.141 *** (3.02)	0.126 *** (2.95)
ppr		0.374 *** (10.93)	0.125 *** (3.25)	0.115 *** (2.99)	0.118 *** (3.05)	0.0986 ** (2.54)	0.106 *** (3.00)
lngdp			1.028 *** (10.53)	3.265 *** (4.10)	3.430 *** (4.25)	3.645 *** (4.54)	1.095 (1.42)
lngdpper				−2.471 ** (−2.83)	−2.699 *** (−3.03)	−2.901 *** (−3.28)	−1.201 (−1.46)
telephone					0.0199 (1.33)	0.0260 * (1.73)	0.0289 ** (2.12)
freetrade						0.247 *** (3.18)	0.130 * (1.81)
lnstockfdi							0.887 *** (10.28)
_cons	5.557 *** (19.92)	4.481 *** (14.21)	−5.332 *** (−5.41)	−10.11 *** (−5.18)	−10.41 *** (−5.29)	−12.73 *** (−6.11)	−6.078 *** (−3.03)
R^2	0.1669	0.2176	0.7433	0.4116	0.4246	0.4438	0.7314
N	728	602	601	601	600	600	600

注：表中数据为变量的系数估计值，括号中为相应的 t 值。*** 表示 1% 的显著性水平，** 表示 5% 的显著性水平，* 表示 10% 的显著性水平。R^2 是回归平方和，N 表示回归方程对应的观测值个数。

四、稳健性检验

在之前的实证分析中，我们通过逐步加入控制变量的方法初步检验了解释变量对被解释变量影响的稳健性。为进一步说明本书的实证结果是稳健的，我们在接下来分别替换了主要解释变量和被解释变量的衡量指标展开回归，进行更为严格和全面的稳健性检验。我们使用第三方（法庭）强制执行契约所需要的法律程序数（contrprocd）和强制执行一项契约所需的天数（contrtime）作为法律体系完整性（legalinteg）的替代指标，衡量契约实施制度的优劣。

法院强制执行一项契约所需的法律程序数越多（手续烦冗，企业面临的成本较高），或强制执行契约所需的时间越长，说明该国的契约实施制度效率越低，这将不利于 FDI 的流入。因此，这两个指标的系数应为负。根据表 4－8 和表 4－9 的稳健性分析结果，contrprocd 和 contrtime 变量的系数的确显著为负，并且在逐步加入控制变量后其系数的符号、显著性甚至大小都表现出较强的稳健性。这说明，契约实施制度对 FDI 的影响并不随衡量指标的不同和其他控制变量的影响而改变，我们的实证结论相当稳健。为避免重复，在接下来的分析中我们将主要采用 legalinteg（法律体系完整性）作为衡量契约实施制度的指标参与回归。

尽管如此，出于对实证分析的谨慎考虑，我们仍需进一步检验结果的稳健性。因为上述稳健性分析仅使用了解释变量（契约实施制度）的不同指标，并未检验不同被解释变量指标的情况。出于此考虑，我们用 FDI 存量作为被解释变量，进行进一步的稳健性分析。

表 4－8　稳健性检验：契约实施程序个数与 FDI

	(1) lnflowfdi	(2) lnflowfdi	(3) lnflowfdi	(4) lnflowfdi	(5) lnflowfdi	(6) lnflowfdi	(7) lnflowfdi
contrprocd	−0.352*** (−4.55)	−0.296*** (−3.25)	−0.106 (−1.18)	−0.195** (−2.41)	−0.200** (−2.46)	−0.210*** (−2.59)	−0.181** (−2.18)
ppr		0.181*** (3.99)	0.0684 (1.51)	0.0926** (2.27)	0.0919** (2.25)	0.0954** (2.34)	0.0774* (1.84)
lngdp			0.929*** (7.23)	−0.140 (−0.89)	−0.893 (−1.04)	−0.772 (−0.89)	−0.563 (−0.65)
lnstockfdi				0.891*** (9.95)	0.900*** (9.98)	0.909*** (10.10)	0.897*** (9.95)
lngdpper					0.822 (0.89)	0.604 (0.65)	0.418 (0.45)
telephone						0.0329* (1.68)	0.0368* (1.87)
freetrade							0.153 (1.70)
_cons	20.06*** (6.80)	17.27*** (4.99)	0.824 (0.21)	7.250** (2.00)	8.948** (2.18)	9.227* (2.25)	6.428 (1.46)
R^2	0.0443	0.0779	0.6921	0.6634	0.3331	0.4027	0.5075
N	590	491	491	491	491	490	490

注：表中数据为变量的系数估计值，括号中为相应的 t 值。*** 表示 1% 的显著性水平，** 表示 5% 的显著性水平，* 表示 10% 的显著性水平。R^2 是回归平方和，N 表示回归方程对应的观测值个数。

表 4-9 稳健性检验：契约实施时长与 FDI

	(1) lnflowfdi	(2) lnflowfdi	(3) lnflowfdi	(4) lnflowfdi	(5) lnflowfdi	(6) lnflowfdi	(7) lnflowfdi
contrtime	-0.00345*** (-3.89)	-0.00313*** (-3.35)	-0.00178** (-1.98)	-0.00231*** (-2.86)	-0.00253*** (-3.08)	-0.00250*** (-3.03)	-0.00228*** (-2.74)
ppr		0.166*** (3.65)	0.0599 (1.33)	0.0794** (1.96)	0.0774* (1.91)	0.0800** (1.97)	0.0632 (1.52)
lngdp			0.923*** (7.37)	-0.116 (-0.76)	-1.282 (-1.46)	-1.151 (-1.31)	-0.916 (-1.03)
lnstockfdi				0.884*** (9.94)	0.899*** (10.04)	0.905*** (10.12)	0.894*** (10.00)
lngdpper					1.269 (1.35)	1.055 (1.11)	0.832 (0.87)
telephone						0.0303 (1.56)	0.0347* (1.77)
freetrade							0.158* (1.78)
_cons	8.876*** (15.38)	8.178*** (12.11)	-1.914 (-1.27)	1.231 (0.89)	3.779* (1.61)	3.561 (1.52)	1.689 (0.66)
R^2	0.0226	0.0587	0.6839	0.7358	0.1715	0.2514	0.3626
N	590	491	491	491	491	490	490

注：表中数据为变量的系数估计值，括号中为相应的 t 值。*** 表示 1% 的显著性水平，** 表示 5% 的显著性水平，* 表示 10% 的显著性水平。R^2 是回归平方和，N 表示回归方程对应的观测值个数。

从表 4-10 列出的实证结果可以看出，契约实施制度对 FDI 存量的影响也显著为正。说明无论是对于 FDI 流量还是对于 FDI 存量，契约实施制度均有显著且稳健的促进作用。这再一次证明了我们的计量分析是非常稳健的。另外，其系数相对 FDI 流量的系数偏小，可能由于 FDI 存量反映了一个 FDI 的历史积累过程，而契约制度进步的作用仅体现在当期及事后，因此其对 FDI 流量的影响更为直接。除契约实施制度外，对 FDI 存量影响较大的还有市场规模、工资水平和贸易自由度。可见，这三者对 FDI 的影响也是非常稳健的。值得注意的是，贸易自由度对 FDI 存量有显著的正向作用，再一次证明了垂直型 FDI 的解释力。

表 4－10　稳健性检验：发展中国家契约实施制度与 FDI 存量

	(1) lnstockfdi	(2) lnstockfdi	(3) lnstockfdi	(4) lnstockfdi	(5) lnstockfdi	(6) lnstockfdi
legalinteg	0.0621 * (1.80)	0.0290 (0.92)	0.0398 * (1.82)	0.0432 ** (2.01)	0.0419 ** (1.94)	0.0261 (1.20)
ppr		0.273 *** (12.90)	0.0158 (0.87)	0.00980 (0.55)	0.00981 (0.55)	－0.00115 (－0.06)
lngdp			1.089 *** (23.97)	2.661 *** (7.12)	2.613 *** (6.90)	2.731 *** (7.27)
lngdpper				－1.741 *** (－4.23)	－1.675 *** (－4.00)	－1.786 *** (－4.30)
telephone					－0.00582 (－0.83)	－0.00206 (－0.30)
freetrade						0.135 *** (3.74)
_cons	8.533 *** (47.97)	7.874 *** (40.93)	－2.611 *** (－5.67)	－5.939 *** (－6.55)	－5.838 *** (－6.38)	－7.105 *** (－7.36)
R^2	0.1500	0.1744	0.7924	0.4726	0.4670	0.4803
N	742	616	614	614	613	613

注：表中数据为变量的系数估计值，括号中为相应的 t 值。*** 表示 1% 的显著性水平，** 表示 5% 的显著性水平，* 表示 10% 的显著性水平。R^2 是回归平方和，N 表示回归方程对应的观测值个数。

第二节　模型内生性问题的检验

使用制度变量研究经济问题时往往会产生内生性问题。对于本书的研究，一方面，由于经济发展水平高的国家往往具有更加完善的契约实施制度，同时经济发展水平可能会通过我们未能控制的其他变量作用于FDI；另一方面，基于中国的现实情况，FDI水平较高的地区出于进一步招商引资的考虑，往往会因FDI的增加而改善当地的契约实施效率，这个问题可能同样适用于不同国别的情况。因此，在本书的计量分析中，契约实施制度变量可能会存在内生性问题。严重的内生性问题将导致OLS的估计结果是有偏的或非一致的。通常，解决内生性问题的普遍做法是使用工具变量。一个好的工具变量应满足以下条件：首先，工具变量本身应独立于被解释变量，即具有外生性；其次，工具变量与内生解释变量之间应存在较强的联系。也就是说，工具变量最好能仅通过影响内生解释变量来影响被解释变量，且其本身不受被解释变量的影响。

王永进（2010）曾用法律起源作为契约实施制度的工具变量。世界各国的法律根据起源不同大致可分为两大法系：起源于英国的英美法系（又称普通法系，The Common Law）和起源于罗马的大陆法系（The Civil Law）。当代不同派系的法律主要发源地是欧洲。从古希腊的哲学及其关于民主的理念和相应制度建设到古罗马的成文法传统，人类社会从古老的欧洲文明继承了珍贵的文化和制度传统。古罗马的先贤们继承并发扬了古希腊的民主和哲学思想，并将之与自身文化相结合，建设了一系列优秀的法律制度。例如，西罗马时期的《十二铜表法》和东罗马时期由拜占庭帝国皇帝查世汀尼颁布的《敕法汇集》（也称《查世汀尼法典》或《民法大全》）。其中，前者是平民反对贵族斗争取得巨大胜利的产物，是罗马的第一部成文法，也是罗马法的雏形。它总结了罗马历史上的习惯法，为未来罗马法的发展奠定了坚实的基础。如果说《十二铜表法》是罗马法律的开端，那么《查世汀尼法典》则是罗马法律的总结，是世界法律史上内容最丰富、体系最完善、对后世影响最广泛的古代法律。其体系分为人、物、诉三种结构，由历史法案惯例、历代帝王敕令、《法学阶梯》和《优帝新律》四部分内容组成。随着罗马帝国版图在欧洲大陆的扩张，其法律得到了广泛传播。再后来，伴随着马其顿和日耳曼的兴起，罗马帝国日渐衰落。盎格鲁撒克逊人在不列颠登陆后，借鉴罗马法并将其修改为适合当地生活习惯的法律体系，这就是普通法的雏形。接下来我们简要介绍一下普通法系与大陆法系各自的特点及异同。

普通法系又叫英美法系，是以英国中世纪以来的普通法为基础发展起来的法律体系的总称。它源于英国，随后扩散到英国的原殖民地和附属国等国家和地区，包括美国、加拿大、中国香港、新加坡、马来西亚、印度、孟加拉国、巴基斯坦以及非洲的少数国家。随着英国殖民地的扩张，普通法系发展成为世界主要法系之一。普通法系以注重法典的延续性为主要特点，以判例法（简言之，判例法的规则是依据之前的判例来判定当前的案件）为主要形式。普通法系的起源可追溯到11世纪的诺曼征服。诺曼人侵入英国后逐渐形成了以判例法为主要形式的普通法。

大陆法系同时拥有罗马法系、罗马—日耳曼法系和法典法系等多种名称，泛指以罗马法为基础的法律。该法系诞生于欧洲大陆，因此称为大陆法系，其后扩展到拉丁语系国家和日耳曼各国。罗马法的主体是民法，以法国 1804 年的《法国民法典》和德国 1896 年的《德国民法典》为主要代表，同时包括法国、西班牙、葡萄牙和荷兰的原殖民地国家和日本、土耳其以及泰国。中国国民党政府时期的法律也属于大陆法系。

法律起源作为契约制度工具变量的合理性基于以下两点：第一，法律起源会作用于一国的法律制度，包括契约法律制度。La Porta、Lopez - de - Silanes、Shleifer 和 Vishny（1998）（以下简称 LLSV）研究了各国的投资者保护法律及其实施程度，发现法律起源于普通法系的国家和地区，相对于大陆法系特别是法国大陆法系的国家，其对投资者保护的相应法律更加完善和严格。属于德国和斯堪的纳维亚大陆法系的国家对投资者的保护法律处于中等水平，但其执行能力较强。普通法系国家的法律执行能力亦较强，而法国大陆法系的国家执法力度普遍较弱。其研究还发现，收入水平的提高能促进一国的执法水平。第二，各国法律的起源是在较长的历史中形成的，有诸多历史原因，因此可以认为其相对于一国的经济特征是外生的。

基于上述原因，法律起源通常可以作为契约制度的良好工具变量。那么，我们这里使用的契约制度指标是否也存在类似的内生性问题并适合以法律起源作为工具变量呢？接下来我们将以法律起源作为工具变量，用豪斯曼检验我们模型中的内生性问题。此外，为了使结果更加可信，我们还使用滞后一阶的契约制度指标作为其本身的工具变量进行相应的检验。这样做的理由是，一般而言，解释变量的滞后变量基本符合工具变量的要求：一方面，内生解释变量显然与其滞后变量相关；另一方面，由于滞后变量已经发生，故为“前定”（从当期的角度看，其取值已固定），应该与当期的随机误差项不相关。下面分别列出了以滞后一阶的契约实施制度指标和法律起源作为工具变量的豪斯曼检验结果。

工具变量：滞后一阶的契约实施制度

```
                b = consistent under Ho and Ha; obtained from xtivreg
          B = inconsistent under Ha, efficient under Ho; obtained from xtreg
Test:   Ho: difference in coefficients not systematic
              chi2(7) = (b-B)'[(V_b-V_B)^(-1)](b-B)
                      =        7.21
            Prob>chi2 =      0.4073
            (V_b-V_B is not positive definite)
```

工具变量：法律起源

b = consistent under Ho and Ha; obtained from xtivreg

B = inconsistent under Ha, efficient under Ho; obtained from xtreg

Test: Ho: difference in coefficients not systematic

chi2(8) = (b - B)'[(V_ b - V_ B)^(-1)](b - B)

= 1.30

Prob > chi2 = 0.9955

(V_ b - V_ B is not positive definite)

根据以上检验结果，两个工具变量豪斯曼检验的 p 值分别为 0.4073 和 0.9955，均无法从可接受的显著性水平上拒绝原假设。这至少能在一定程度上说明我们选取的契约实施制度指标不存在严重的内生性问题。

第三节 系统 GMM 估计

在上一节中我们使用法律起源和契约制度变量自身的滞后项作为工具变量检验了契约制度的内生性问题，检验结果没有显示出充分的证据证明我们的变量有内生性。然而目前在未找到合适工具变量的情况下还不存在有效检验变量内生性的方法。因此，出于谨慎，我们仍假设本书所使用的计量方程可能存在一定程度的内生性。为此，接下来我们将使用系统广义矩估计（即系统 GMM）的方法进行估计。系统 GMM 方法通过对计量模型进行一阶差分，使用弱外生变量的一阶滞后项作为内生变量的工具变量，从而在一定程度上解决模型中可能存在的异方差问题和内生性问题，得到一致且有效的估计结果。

系统 GMM 方法是由 Arellano 和 Bover（1995）提出并经过 Blundell 和 Bond（1998）改进的一种估计方法，其一般形式为：

$$\begin{cases} y_{it} = \alpha y_{i,t-1} + \beta x'_{it} + \varepsilon_{it} \\ \Delta y_{it} = \alpha \Delta y_{i,t-1} + \beta \Delta x'_{it} + \Delta\varepsilon_{it} \end{cases}$$

其中，第一个方程是水平方程，第二个方程是差分方程。$\varepsilon_{it} = \mu_i + \nu_{it}$；$E(\mu_i) = E(\nu_{it}) = E(\mu_i\nu_{it}) = 0$。另一种 GMM 方法（差分动态 GMM），在 $E(y_{i,t-1}\Delta\varepsilon_{it}) = 0$ 的假设前提下使用内生变量本身的滞后项 $y_{t-l}(l \geq 2)$ 作为差分项的工具变量，实际上只估计了差分方程。在此基础上，系统 GMM 又引入了一个水平方程。其假设 $E(\Delta y_{i,t-1}\varepsilon_{it}) = 0$，并使用差分后的内生变量的滞后项 $\Delta y_{i,t-l}(l \geq 1)$ 作为工具变量。系统 GMM 要求内生变量是平稳的变量。一般而言，平稳变量的变化幅度较小，因此若使用差分 GMM 的方法，则以内生变量本身的滞后项作为工具变量时，变量可能会变得不显著。系统 GMM 使用差分后的内生变量的滞后项作为工具变量，能改善上述问题。此外，系统 GMM 估计同时利用了变量差分变化和其自身水平变化的数据信息，因此相比差分 GMM，系统 GMM 方法更为有效。此外，相对于法律体系完整性指标而言，强制执行契约所需的法律程序个数指标具有更好的平稳性，这一指标的稳健性也已在上文得到检验，因此在系统 GMM 估计中我们使用该指标衡量契约实施制度。

使用系统 GMM 方法时应注意工具变量选择是否有效的问题。该问题可通过判断工具是否过度识别来检验。我们可使用 Sargan 检验的 J 统计量（即 Hansen/Sargan 估计量）来检验工具变量是否过度识别。该检验的原假设为工具变量没有过度识别，J 统计量渐近服从自由度为工具个数与参数个数之差的 χ^2 分布。下面汇报了系统 GMM 估计的结果，并附加了 Sargan 检验。结果显示，在使用系统 GMM 方法有效地解决了计量模型中可能存在的异方差和内生性问题后，契约实施制度、产权保护和工资水平对 FDI 的影响仍符合我们的预期且具有较高的显著性水平。具体地：

第一，contrprocd 的系数为负，且在 1% 的水平下显著，说明在有效控制了异方差和内生性问题后，契约实施制度对 FDI 仍然具有显著的促进作用，该结果仍与本书第三章理论模型的预期一致。

第二，ppr 的系数为正，且在 8% 的水平下显著，说明制度的另一重要方面——产权保护制度对 FDI 也有稳健的促进作用。

第三，FDI 存量的系数为正，且在 1% 的水平下通过了显著性检验。这说明集聚效应是跨国公司投资区位选择的重要因素。

第四，衡量工资水平的人均 GDP 的系数也显著为负，说明寻求廉价劳动力仍是跨国公司对外直接投资的考虑因素。

值得注意的是，以上四个变量的系数几乎在我们所有的计量模型中都显著，且其符号符合本书第三章及大多数相关研究的预期。这说明契约制度、产权保护、集聚效应和工资水平是影响 FDI 的非常重要的因素，对于致力于吸引外资以促进本国经济发展的国家来说，重视这四方面的因素尤为重要。

第五，在系统 GMM 估计结果中，经济规模（GDP）、每百人固定电话数量（基础设施）和贸易自由度的系数虽然其符号符合预期，但显著性水平较低。

此外，Sargan 检验的结果显示，相应的 p 值约等于 0，应拒绝原假设。即我们的工具变量不存在过度识别问题，是一个有效的工具变量。总之，系统 GMM 的估计结果再一次证实了本书第三章的结论：一国契约实施制度的改善能促进该国吸引 FDI 流入。下面是系统 GMM 估计和 Sargan 检验的结果：

System dynamic panel - data estimation			Number of obs			=	475
Group variable: countries			Number of groups			=	79
Time variable: year							
			Obs per group:	min =			1
				avg	=		6.012658
				max	=		7
Number of instruments =	48		Wald chi2 (8)			=	412.00
			Prob > chi2			=	0.0000

lnflowfdi	Coef.	Std. Err.	z	P > | z |	[95% Conf. Interval]	
lnflowfdi L.	0.3241574	0.0594005	5.46	0.000	0.2077346	0.4405802
contrprocd	-0.1332041	0.0512505	-2.60	0.009	-0.2336532	-0.0327551
ppr	0.0775877	0.0445305	1.74	0.081	-0.0096904	0.1648658
lngdp	0.042106	0.237717	0.18	0.859	-0.4238108	0.5080229
lnstockfdi	0.6696148	0.1006211	6.65	0.000	0.4724011	0.8668285
lngdpper	-0.4435367	0.231298	-1.92	0.055	-0.8968724	0.009799
telephone	0.011438	0.0212622	0.54	0.591	-0.0302352	0.0531111
freetrade	0.0499269	0.1035841	0.48	0.630	-0.1530942	0.252948
_cons	5.797229	2.455131	2.36	0.018	0.9852605	10.6092

Instruments for differenced equation

GMM - type: L (2/.) . lnflowfdi

Standard: D. contrprocd D. ppr D. lngdp D. lnstockfdi D. lngdpper

D. telephone D. freetrade

Instruments for level equation

GMM - type: LD. lnflowfdi

Standard: _cons

Sargan test of overidentifying restrictions

H0: overidentifying restrictions are valid

chi2 (39) = 135.1553

Prob > chi2 = 0.0000

第四节 FDI 不同水平处的考察：分位数回归分析

在本节之前的分析中，我们基于 2001 ~ 2010 年 126 个国家的面板数据，使用不同的指标和多种方法较为细致地考察了契约实施制度及其他相关因素对 FDI

的影响，结果表明我们的分析是非常稳健的。用多种指标衡量的契约实施制度几乎在所有的计量模型中都表现出对 FDI 显著的促进作用，这很有力地支持了本书第三章的结论。接下来我们还将做出更为细致的实证分析。之前我们只考察了 FDI 总体的情况，但各因素对于 FDI 不同分位点处的影响是否相同？随着 FDI 的增加，契约实施制度进步的作用是越来越大还是逐渐减小？出于这个考虑，我们在本节中采用分位数回归的方法考察契约实施制度和其他因素对 FDI 不同分位点处的影响。

我们首先简要介绍一下分位数回归。根据陈建宝和丁军军（2008），传统的线性回归模型描述了因变量的条件分布受到自变量 X 影响的过程。普通最小二乘法（以下简称 OLS）是估计回归系数的最基本的方法，它描述了自变量 X 对于因变量 Y 的均值影响。OLS 假设模型中的随机扰动项服从均值为零且方差相同的分布，在满足这个假设的前提下回归系数的 OLS 估计为最优线性无偏估计（BLUE）。进一步假设随机扰动项服从正态分布，则用 OLS 或极大似然法估计的回归系数为最小方差无偏估计（MVUE）。然而在现实情况中往往不满足这种假设，如数据呈厚尾或尖峰分布，存在异方差等情况，这种情况下的 OLS 估计量将不再具有上述优良特性。OLS 回归假定 X 只能影响因变量的条件分布的位置，但不能影响其分布的刻度或形状的任何其他方面。

为弥补 OLS 的缺陷，Koenker 和 Bassett 于 1978 年提出了分位数回归（Quantile Regression）的思想。它依据因变量的条件分位数对自变量 X 进行回归，从而得到不同分位数水平下的回归模型。所以，相比 OLS 回归只能描述自变量 X 对因变量 Y 局部变化的影响而言，分位数回归能够更加精确地描述自变量 X 对因变量 Y 的条件分布形状以及变化范围的影响。此外，分位数回归能够捕捉分布的尾部特征，即当自变量 X 对不同分位数水平的因变量 Y 的分布产生不同的影响时，它能更加全面地刻画分布的特征，从而得到更为全面的分析。因此，用分位数回归方法估计的系数比 OLS 回归系数更加稳健，且其反映的信息更加全面。

简言之，较之普通最小二乘法，分位数回归放宽了对被解释变量分布的假设，使用加权残差绝对值之和最小化的方法估计参数，其条件更为宽松，信息更为丰富。具体来讲，存在以下优势：①分位数回归对随机误差项的分布没有要求，当误差项呈现非正态分布时，其参数估计量比 OLS 更有效；②分位数回归测度了变量在不同分位数水平下的参数估计值，能更为全面地刻画变量的分布特征；③分位数回归通过使加权残差绝对值之和最小来计算参数估计量，因而对于异常值的敏感程度也远远小于 OLS，得到的估计量也更加稳健；④在回归系数的解释上，OLS 回归反映了自变量对因变量的平均影响，而分位数回归反映的是自变量对因变量在某个特定分位点处的边际影响。分位数回归能够提供不同分位数水平上的估计结果，因而可以对因变量的整体情况做出更为全面的解释。

表4－11和表4－12分别汇报了全部国家样本和发展中国家的分位数回归结果。在分位数回归中，我们选取了代表性的0.1、0.25、0.5、0.75和0.9分位点，见（2）～（6）式。为了方便对比，我们加入了（1）式的总体回归。

全部国家样本的分位数回归结果显示：第一，相比导致样本损失的分段回归，分位数回归得到了更优秀的结果：变量显著性水平、回归平方和等指标都得到了显著提升。第二，契约实施制度指标的系数在FDI分位数水平较低处（0.1、0.25和0.5分位处）并不显著，但在0.75和0.9分位处显著为正。这说明在FDI水平越高的情况下，契约实施制度对FDI越重要。这个发现的政策含义是，对于FDI水平已经足够高，并想继续吸引外资的国家来说，应重视改善其契约实施制度。第三，产权保护制度的系数保持显著为正，但随着FDI水平的增加，有一个递减的趋势，这一点不同于契约实施制度的递增趋势。第四，GDP和FDI存量的系数在各分位点处保持显著为正，说明跨国公司在进行对外投资决策时，会一直重视东道国的市场规模和集聚效应，因此二者的影响在FDI的任何分位数水平上都不容忽视。第五，衡量工资水平的人均GDP保持为负且基本显著（只有在FDI 0.9分位处显著性较低），说明无论在FDI何种水平的分位处，工资水平都是其重要影响因素。但其系数的绝对值保持减小的趋势，意味着随着FDI水平的增大，工资水平的影响力在降低。对比契约实施制度我们可发现，随着FDI的不断增多，一国若想吸引FDI，应把重心放在制度层面，单纯的低工资对FDI的吸引力是逐步减弱的。第六，基础设施的系数在FDI的各分位处都不显著。这与总体情况下得出的结论并不一致。一个可能的解释是，基础设施对FDI的均值有一定的边际影响，但对FDI分位数的边际影响不大。第七，贸易自由度对较低分位处的FDI有显著的正向作用，但这一作用逐渐减弱，到FDI的高分位处（0.75和0.9）时其系数变得不显著。这说明贸易自由度主要在FDI水平较低时起作用。总体而言，在FDI较高分位处只有制度因素、市场规模和集聚效应的作用比较显著。

发展中国家的分位数回归结果与全样本的回归结果类似，这里不再赘述。值得注意的两点不同之处是：首先，在发展中国家的回归结果中，制度因素的系数总体上要大于全样本的情况，说明制度因素对于发展中国家吸引外资而言更为重要，这符合本书第三章的分析。其次，发展中国家GDP的系数在各分位点处均显著大于全样本的情况，说明发展中国家的市场规模对FDI的影响要大于全部国家的平均情况。这两点不同之处有一个共同特点：制度因素和市场规模都是影响

"敲竹杠"问题的重要因素。制度越优秀，企业在面临"敲竹杠"问题时就越容易通过法庭保障其权益；同样，市场越"厚"，企业的关系外选择越多，越不容易受到"敲竹杠"问题的威胁。这两点不同证明了跨国公司在进行投资的区位决策时，非常重视"敲竹杠"问题。

表4-11 全样本分位数回归结果

	(1) 总 lnflowfdi	(2) 0.1 lnflowfdi	(3) 0.25 lnflowfdi	(4) 0.5 lnflowfdi	(5) 0.75 lnflowfdi	(6) 0.9 lnflowfdi
main						
legalinteg	0.105*** (2.63)	0.0432 (0.87)	-0.0312 (-1.52)	-0.000543 (-0.03)	0.0251* (1.79)	0.0670*** (2.87)
ppr	0.160*** (4.98)	0.0394 (0.53)	0.0609* (1.51)	0.0681*** (3.10)	0.0512** (2.40)	0.0446* (1.79)
lngdp	1.542** (2.27)	0.163* (1.77)	0.192*** (3.95)	0.160*** (5.02)	0.164*** (2.78)	0.177*** (2.94)
lnstockfdi	0.752*** (9.53)	0.980*** (9.15)	0.803*** (15.07)	0.767*** (15.94)	0.748*** (14.89)	0.685*** (11.07)
lngdpper	-1.648** (-2.31)	-0.345*** (-3.19)	-0.125* (-1.87)	-0.108** (-2.11)	-0.0767* (-1.82)	-0.0824 (-1.19)
telephone	0.0144* (1.82)	-0.0126 (-1.35)	-0.00660 (-1.38)	-0.00283 (-0.98)	-0.00340 (-0.74)	-0.000494 (-0.11)
freetrade	0.150** (2.39)	0.337*** (3.09)	0.256*** (5.80)	0.128*** (3.27)	0.0335 (0.60)	-0.0210 (-0.36)
_cons	-6.130*** (-3.47)	-4.733*** (-4.12)	-3.697*** (-7.29)	-2.027*** (-5.66)	-1.113* (-1.76)	-0.106 (-0.18)
R^2	0.6299	0.5480	0.5957	0.6495	0.6709	0.6751
N	933	933	933	933	933	933

注：表中数据为变量的系数估计值，括号中为相应的 t 值。*** 表示1%的显著性水平，** 表示5%的显著性水平，* 表示10%的显著性水平。R^2 是回归平方和，N 表示回归方程对应的观测值个数。

表 4-12　发展中国家分位数回归结果

	(1) 总 lnflowfdi	(2) 0.1 lnflowfdi	(3) 0.25 lnflowfdi	(4) 0.5 lnflowfdi	(5) 0.75 lnflowfdi	(6) 0.9 lnflowfdi
main						
legalinteg	0.126*** (2.95)	0.0668 (1.36)	0.0159 (0.82)	0.00615 (0.27)	0.0414** (1.96)	0.0657*** (3.34)
ppr	0.106*** (3.00)	0.0604 (1.31)	0.0717*** (2.83)	0.0688** (2.55)	0.0817*** (4.60)	0.0825*** (3.58)
lngdp	1.095 (1.42)	0.281*** (3.21)	0.282*** (5.88)	0.309*** (5.73)	0.316*** (5.82)	0.300*** (4.68)
lnstockfdi	0.887*** (10.28)	0.908*** (8.66)	0.752*** (16.32)	0.632*** (10.03)	0.589*** (11.97)	0.577*** (9.56)
lngdpper	-1.201 (-1.46)	-0.336** (-2.37)	-0.121** (-1.93)	-0.0256 (-0.36)	-0.0233 (-0.35)	-0.0154 (-0.19)
telephone	0.0289** (2.12)	-0.00576 (-0.41)	-0.00707 (-1.68)	-0.000594 (-0.15)	-0.00124 (-0.29)	-0.00152 (-0.38)
freetrade	0.130* (1.81)	0.302*** (3.13)	0.254*** (4.83)	0.161*** (3.47)	0.0783 (1.26)	-0.0180 (-0.26)
_cons	-6.078*** (-3.03)	-5.401*** (-4.20)	-4.499*** (-8.66)	-3.299*** (-6.55)	-2.236*** (-4.24)	-1.167** (-2.58)
R^2	0.7314	0.5476	0.5850	0.6333	0.6747	0.6955
N	600	600	600	600	600	600

注：表中数据为变量的系数估计值，括号中为相应的 t 值。*** 表示 1% 的显著性水平，** 表示 5% 的显著性水平，* 表示 10% 的显著性水平。R^2 是回归平方和，N 表示回归方程对应的观测值个数。

本章总结

在本章中，我们使用 2001~2010 年 36 个发达国家和 90 个发展中国家的面板数据，对契约实施制度等因素与 FDI 的关系做了较为细致的实证分析。

首先，我们在第一节对总体样本进行了面板数据的固定效应回归，并在此基础上重点分析了发展中国家的情况。此后，我们通过使用关键变量的不同衡量指标进行了稳健性检验。结果显示，契约实施制度对FDI有显著且非常稳健的促进作用，证实了本书第三章的结论。其他变量的作用也大都符合预期。

其次，我们在第二节和第三节系统考察了契约实施制度的内生性问题。在第二节中，分别选取法律起源和契约实施制度的一阶滞后项作为工具变量进行了分析。经过豪斯曼检验，发现没有证据表明我们使用的契约实施制度指标具有严重的内生性问题。然而由于目前在未找到合适工具变量的情况下还有存在有效检验变量内生性的方法。因此，出于谨慎，我们仍假设本书所使用的计量方程可能存在一定程度的内生性。为此，我们在第三节使用系统广义矩估计（即系统GMM）的方法进行了估计。系统GMM的结果仍支持了我们的结论，即契约实施制度与FDI之间有显著的正向关系。

最后，为了对契约实施制度与FDI的关系进行更为细致的分析，我们在第四节使用分位数回归的方法，考察了契约实施制度对FDI不同分位数水平处的影响。结果显示，契约实施制度对高分位数水平处的FDI有更为显著的影响。

第五章　不完全契约与 FDI 和外包

——基于中国数据的经验研究

本章基于 2002 ~ 2008 年中国 29 个省级区域的面板数据，分别从 FDI 和外包两方面对第三章得出的主要结论进行了实证检验。不同于第四章，本章的研究结果表明，除契约制度之外，具有相同法律制度框架的一国内部各区域之间也存在着契约执行效率的差异，而这个差异将对地区吸引 FDI 和国际外包等经济表现产生影响。

正如本书一直强调的，现实中的契约往往是不完全的。一方面，尤其是在涉及复杂产品交易时，签约双方企业很难将产品的质量、规格等方面的特征详细而全面地写入合同；另一方面，在涉及跨国合作时，合同的约束力也难以保证。因此，合同纠纷也许是企业难以避免的，这时，公正的司法系统和优秀的执法效率能促进公平交易，保障企业在契约中规定的合法权益，从而增加企业生产的积极性。

中国古语有云，“衙门口朝南开，有理没钱别进来”。由此可见，自古以来打官司在中国便被视为一件耗时耗钱的麻烦事。事实上，中国各区域间在司法系统的效率方面存在着较为明显的差异。根据中国社会科学院和世界银行于 2008 年发布的《中国营商环境报告》，在强制执行合同的效率方面，东南沿海地区总体上优于内陆地区。在沿海地区，通过法律程序强制执行合同平均需要约 230 天，而在东北地区，同样的程序则平均需耗费 363 天。在第三方（法院）强制执行合同中企业所耗费的成本方面，东南沿海地区平均成本最低，强制执行合同的诉讼费率平均为标的额的 11.5%；其次为环渤海地区，平均占诉讼标的额的 13.8%；在成本最高的中部地区，这一比例平均高达 29.9%。表 5 - 1 列出了 2007 年中国 29 个代表城市契约实施效率的指标。其中，“时间（天）”表示法庭强制执行一份合同所需要的天数，以公历日计算，从原告向法院提起诉讼起到获得清偿为止，期间包括审理天数和等待天数；“成本”用诉讼费和律师费占标的额的百分比表示。从耗费成本上看，北京最少，为 9.6%，而在合肥需要

41.8%。由此可见，中国各地区在契约实施效率方面存在着较为显著的差异。

表 5－1　中国 29 个代表城市契约实施效率的差异

城市	排名	时间（天）	成本（占标的额的百分比,%）	程序（个）
北京	9	340	9.6	31
成都	23	295	35.5	31
福州	12	342	13.7	31
广州	1	120	9.7	31
贵阳	24	397	23	31
哈尔滨	20	290	31.5	31
海口	11	310	14.5	31
杭州	3	285	11.2	31
合肥	26	300	41.8	31
呼和浩特	19	330	23.7	31
济南	5	210	22	31
昆明	29	365	36.4	31
兰州	30	440	29.9	31
南昌	15	365	16.5	31
南京	2	112	13.6	31
南宁	20	397	17.1	31
上海	4	292	9	31
沈阳	10	260	24.8	31
石家庄	14	397	12.2	31
太原	18	300	26.4	31
天津	5	300	11.3	31
乌鲁木齐	22	392	20.5	31
武汉	17	277	33.1	31
西安	5	235	21.7	31
西宁	28	458	24.8	31
银川	13	270	28.7	31
长春	25	540	18.4	31
长沙	27	382	26.6	31
郑州	16	285	31.5	31
重庆	8	286	14.8	31

资料来源：2008 年《中国营商环境报告》。

另外，中国的FDI流入和国际外包也主要分布在东部沿海地区。根据金相郁和朴英姬（2006）的研究，1980~2000年我国引进的FDI中有87.8%集中在东部沿海地区，其中长三角、珠三角和环渤海地区占了66.8%。尽管2000年以来我国中央政府出台的区域发展政策和中西部地方政府实施的一系列招商引资优惠政策使得部分FDI向中西部地区转移，但FDI依然集中在东部沿海地区，2004年东部的FDI仍然占85.9%，中西部地区的18个省区市只占了不到15%。在国际外包方面，以加工贸易为例，2008年加工贸易出口最多的7个省市依次为广东、江苏、上海、山东、浙江、福建和天津，全部分布在东部沿海，而这7个省市的加工贸易出口总量占当年全国加工贸易出口总量的约92%。我们知道，沿海地区的工资水平要高于中西部地区，而FDI和外包却主要分布在沿海地区。从这个现实情况来看，本书的主要结论——契约实施效率是促进地区吸引FDI和外包的重要因素——得到了初步的验证。下面，本书将分别从FDI和外包两个方面，用计量方法对我们的结论进行较为严格的论证。

第一节　契约实施效率与FDI

改革开放以来，伴随着愈演愈烈的经济全球化趋势，外商直接投资大量进入我国。大量研究和经济现实表明，FDI有效地弥补了我国在资本形成、出口竞争力和技术进步方面的不足，成为促进我国经济增长的重要推动力。根据联合国贸易和发展组织发布的《2012年世界投资报告》，中国2011年FDI流入量增长8%，达到1240亿美元，世界排名第二位，仅次于美国（2269亿美元）。贸发组织2012年进行的世界投资前景年度调查报告显示，在由跨国公司评选出来的最受欢迎的东道国排名中，中国排名第一位，显示中国仍然是对FDI最具吸引力的经济体。

另外，在吸引外资规模不断扩大的同时，也存在着FDI的区域分布不平衡现象，较之东部地区，中西部的FDI流入量有着明显的差距。根据金相郁和朴英姬（2006）的研究，1980~2000年我国引进的FDI中有87.8%集中在东部沿海地区，其中长三角、珠三角和环渤海地区占了66.8%。尽管2000年以来我国中央政府出台的区域发展政策和中西部地方政府实施的一系列招商引资优惠政策使得部分FDI向中西部地区转移，但FDI依然集中在东部沿海地区，2004年东部的FDI仍然占85.9%，中西部地区的18个省区市只占了不到15%。

合理地吸引FDI流入我国资金、技术缺乏的中西部地区，对于我国经济发展、缩小地区差距具有重要的意义。那么，是何原因导致我国FDI分布的东西差异？影响FDI流入的因素有哪些？国内外已有不少学者对影响FDI的因素进行了分析。如Veugelers（1991）、Tallman（1988）、Grosse和Trevino（1996）、Hatzius（2000）、Shapiro（2001）、Raslmi（2003）及Kimino Et等（2007）认为，劳动力成本、市场规模和基础设施等因素对FDI有着显著的影响。另外，还有一些学者研究了制度因素对FDI的作用。Agodo（1978）考察了美国制造业企业在非洲的投资情况，发现稳定的政治和有利于投资的政策环境能促进FDI的流入。Globerman和Shapiro（2002）用1995~1997年98个国家的面板数据进行实证分析，发现公正高效的法律体系、可信的公共机构以及开明放任的政府政策同样能够促进FDI的流入。国内的鲁明泓（1999）则将影响FDI的制度因素分为四类，从制度的各个层面较为详细地分析了制度对FDI的作用。这四类制度分别是：①国际经济制度安排（主要包括东道国签署的双边投资保护条约、参与的经济一体化组织、东道国的贸易壁垒及其对外资的态度等）；②经济制度（主要包括东道国的经济自由程度、市场完善程度和金融外汇制度等）；③法律制度（主要包括东道国的法律完善程度和私有财产保护程度）；④企业运行的便利性（主要包括企业运行障碍、税收制度和政府清廉度等）。

根据本书第三章的研究，优秀的契约实施环境能通过缓解“敲竹杠”问题、降低搜寻成本、增加企业匹配成功率等途径，分别从促进企业选择离岸生产的倾向（扩展边际）和增加产量（集约边际）两方面增加东道国的FDI流入，本节将对这一结论进行验证，同时针对中国的现实情况做出相应的分析。本节的分析与之前的文献有三处重要不同。首先，本节的分析基于第三章的结论，着重强调契约实施效率对FDI的影响。其次，本节研究了一国内部各地区之间的契约实施效率差异导致的FDI在区域间分布不平衡的现象。事实上，由于地理位置、地方文化、法规以及市场化程度的不同，我国各省份之间的契约实施效率存在较大的差异，跨国公司往往选择最适合其战略目标的地区进行投资，所以研究FDI在一国内部的区域差异比起国家层次上的研究可能更有意义。最后，本节采用了分位数回归，对FDI进行不同层次的、细致的实证考察，分析其影响因素。

一、模型设定和变量说明

（一）模型设定

基于上述分析，本节选取反映地方契约实施制度好坏的契约实施效率、反映地方经济规模的GDP、各地的工资水平和基础设施作为解释变量，建立如下实证模型：

$$\ln FDI_{it} = \beta_0 + \beta_1 contract_{it} + \beta_2 \ln gdp_{it} + \beta_3 \ln wage_{it} + \beta_4 \ln fra_{it} + u_{it}$$

其中，$\ln FDI_{it}$是被解释变量 FDI 的对数值，下标 i 表示地区，t 表示年份；β_0 是常数项；$\beta_1 \sim \beta_4$ 分别表示各解释变量的系数，其中，β_1 是我们主要关心的系数；$contract_{it}$是契约实施效率；$\ln gdp_{it}$是各地区 GDP 的对数值；$\ln wage_{it}$表示工资水平的对数值；$\ln fra_{it}$是地区基础设施密度（用各地区公路和铁路里程之和除以当地面积）；u_{it}是残差项。

（二）变量说明与数据来源

本节采用 2002 ~ 2008 年中国 29 个省、直辖市和自治区的面板数据进行实证分析。选取 2002 ~ 2008 年的数据是因为，2001 年 11 月我国正式加入世界贸易组织（WTO），这对于我国吸引 FDI 影响重大；而 2007 年发生了席卷全球的金融危机，危机的影响在 2008 年之后逐步显现出来。所以 2002 ~ 2008 年的数据能比较稳定地反映我们所关心的变化和变量作用。之所以选取 29 个省份的数据是因为，西藏和青海的某些关键数据缺失，另外香港、澳门和台湾的制度与大陆有根本性差别，不属于本书所关心的因素。

1. 契约实施效率

Tirole（1999）将契约不完全的原因概括为三类成本：一是预见成本，即当事人由于某种程度的有限理性，不可能预见所有的或然状态；二是缔约成本，即使当事人可以预见或然状态，但以一种双方没有争议的语言写入契约也很困难或者成本太高；三是证实成本，即关于契约的重要信息对双方是可观察的，但对第三方（如法庭）是不可证实的。地区间契约实施效率的不同主要影响证实成本。

关于测度我国地区间契约实施效率的指标，目前较流行的有世界银行发布的 2008 年《中国营商环境报告》（盛丹和王永进，2010；茹玉骢、金祥荣和张利风，2010；等等），但目前该报告只发布了一年，由于本书关心契约实施效率随时间不断进步对 FDI 的促进作用，因而这一数据不适用于本书。此外，李德震（2013）使用了樊纲、王小鲁和朱恒鹏发布的《中国市场化指数》中的指标来衡量各地区的契约实施效率。该指数对中国各省份市场化的相对进程做出了较为客观和详尽的分析，并经过一系列的分析和计算，得出中国各地区的总体市场化指数。市场化指数总体评分是由五个方面 23 项基础指标组成的，它们各自反映了不同领域的市场化程度。基础指标评分是以 2001 年为基期，在 0 ~ 10 取值（基期单项基础指标市场化程度最高的省份在该项的基期得分为 10 分，最低的省份基期得分为 0 分；但根据年度变化，某些省份可能超过 10 分或小于 0 分）。市场化指数的五个方面包括：①政府与市场的关系；②非国有经济的发展；③产品市场的发育；④要素市场的发育；⑤市场中介组织和法律制度环境。其中，第五个方面能较好地代表契约实施效率，我们下面将对此进行简要说明。构成这一方面的指标分为四个项目：a. 中介市场发育度；b. 生产者合法权益保护；c. 知识产权保护；d. 消费者权益保护。其中，前三个项目与契约实施效率有较强的相关性。a 项“中介市场发育度”由两个指标构成，即律师数/总人口和会计师人数/总人口。这两个指标能较好地体现地区间证实成本的差异。一旦签约双方在交易时产生争议，拥有更多律师和会计师的地区能够更加方便地对双方签订的契约进行审查，并经由法庭证实和执行。b 项“生产者合法权益保护”采用企业对各地区司法环境评价的调查数据，能较为真实地体现各地区契约和制度环境的质量。c 项为“知识产权保护”指标，由于企业在承接外包的过程中存在与发包企业产生知识产权纠纷的情况，所以对知识产权的保护有利于双方就相关问题签订和执行契约。此外，d 项“消费者权益保护”也能从一定程度上反映出当地的制度质量。综合以上分析，“市场中介组织和法律制度环境”指标能很好地反映契约实施效率，因此我们将选取樊纲、王小鲁和朱恒鹏在《中国市场化指数：各地区市场化相对进程2011年报告》中的这一指标。

2. 其他变量

（1）FDI：采用2002~2008年各地实际利用的外商直接投资，根据当年人民币对美元汇率折合成人民币单位，数据来自中华人民共和国商务部。

（2）工资水平：对于工资水平的衡量，本书采用各省份2002~2008年职工平均工资。

（3）基础设施：本书采用各省份单位面积公路、铁路和内河航道里程（公里/平方公里）对此进行测算。

（4）地区生产总值：本书采用各省份2002~2008年的名义GDP。

（5）平均工资、基础设施和GDP的数据均来自相应年份的《中国统计年鉴》。FDI等变量说明、数据来源和描述性统计如表5-2、表5-3所示。

表5-2 FDI等变量说明和数据来源

变量名称	指标选取	数据来源	单位	预期符号
FDI	实际利用外资	商务部	元	
契约实施效率	市场中介组织和法律制度环境	《中国市场化指数》	得分	+
工资水平	职工平均工资	《中国统计年鉴》	元	-
基础设施	单位面积公路、铁路和内河航道里程	《中国统计年鉴》	公里/平方公里	+
地区生产总值	名义GDP	《中国统计年鉴》	元	+

表 5－3　FDI 等变量描述性统计

Variable	Obs	Mean	Std. Dev.	min	max
lnFDI	203	22. 8028	1. 699775	18. 65945	25. 88497
contract	203	5. 514483	2. 923485	1. 36	17. 14
lnwage	203	9. 781456	0. 3907178	9. 124128	11. 50975
lngdp	203	29. 25025	0. 885775	26. 52017	31. 23643
infra	203	0. 6325397	0. 4279704	0. 0516286	2. 228441

由各省份 FDI 和平均工资对数值的散点图（见图 5－1）可以看出，二者之间不仅不存在负向关系，而且存在较明显的正向关系。这说明，并非工资水平越低的地区能吸引越多的 FDI，单纯考虑劳动力成本不足以解释 FDI 的地区差异。

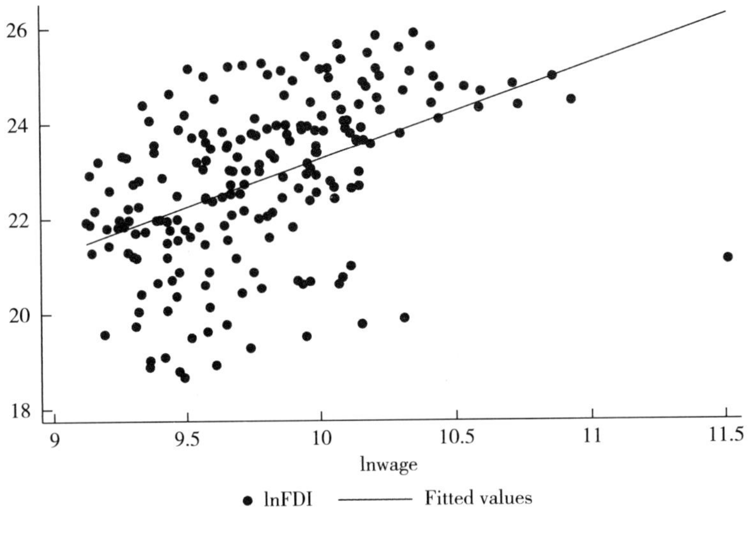

图 5－1　各省份 FDI 和平均工资对数值的散点图

由 FDI 和契约实施效率对数值的散点图（见图 5－2）可以初步判断，二者存在较明显的正向关系。此外，由图 5－1 和图 5－2 我们还可以推测，取对数并没有特别有效地消除异方差问题，所以在模型的估计方法上，除了 OLS 外我们还将采用 FGLS（可行广义最小二乘法）估计，进一步消除异方差的影响。

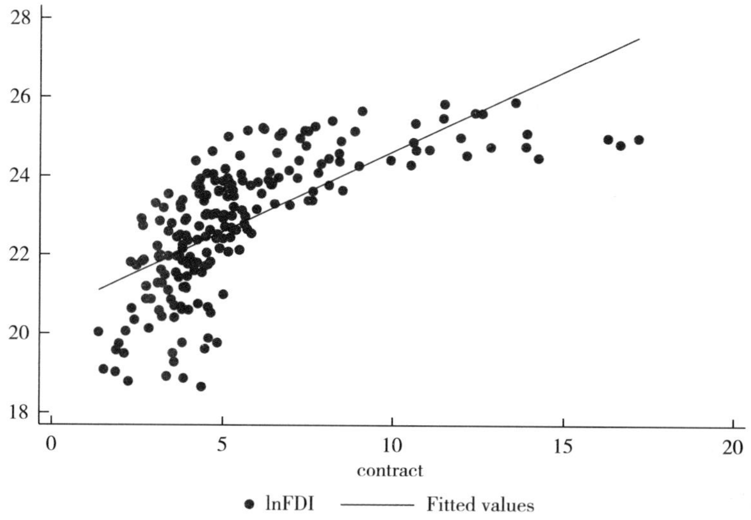

图5-2 FDI和契约实施效率对数值的散点图

二、初步回归结果及其分析

(1) 作为参照，我们首先做了面板数据混合最小二乘法回归。表5-4中列(1)~(4)是逐一加入控制变量的回归结果，这样做的好处是既能逐步控制主要解释变量的影响，又能同时检验主要关心变量（契约实施效率）对FDI影响的稳健性。

表5-4 FDI混合最小二乘法回归结果

	(1) lnFDI	(2) lnFDI	(3) lnFDI	(4) lnFDI
contract	0.407*** (13.90)	0.178*** (6.48)	0.217*** (6.00)	0.143*** (3.67)
lngdp		1.204*** (13.27)	1.199*** (13.26)	1.135*** (12.87)
lnwage			-0.386* (-1.64)	-0.513** (-2.25)
infra				0.901*** (4.18)

续表

	(1) lnFDI	(2) lnFDI	(3) lnFDI	(4) lnFDI
_cons	20.56 *** (112.53)	-13.39 *** (-5.23)	-9.676 *** (-2.84)	-6.731 ** (-2.01)
R^2	0.4900	0.7288	0.7324	0.7541
N	203	203	203	203

注：表中数据为变量的系数估计值，括号中为相应的 t 值。*** 表示 1% 的显著性水平，** 表示 5% 的显著性水平，* 表示 10% 的显著性水平，下同。

回归结果显示：总体上看，各变量的系数很好地符合我们的预期，验证了前面章节的猜想和模型的主要结论。对 FDI 做总体的混合最小二乘法的结果显示：

首先，主要解释变量契约实施效率的系数为正并且有 1% 的显著性水平，而且在逐渐加入控制变量后结果依然稳健。总体上，契约实施效率的评分提高 1 分，将使 FDI 提升约 0.143%。说明契约实施效率的提高对 FDI 有着显著的促进作用。另外，这也反映出各省份间契约实施效率的不同能够强有力地解释地区间 FDI 水平的差异。相对于其他解释变量，契约实施效率对 FDI 的解释力非常显著，并且在控制了其他变量影响后仍然稳健，所以其作用应引起足够的重视。这在其他文献中并未特别指出，但正是我们所强调的。

其次，衡量经济规模的 GDP 系数为正且显著，说明经济规模显著地促进 FDI 流入，GDP 每提高 1%，大约促进 FDI 增加 1.135%。总体的经济规模能够在一定程度上反映这个地区的“市场厚度”，根据不完全契约理论，“市场厚度”的增加能够降低企业被“敲竹杠”的风险，因此，“市场厚度”的增加能促进企业间的投资和合作。本书的实证结果证实了这一论断。

再次，工资水平的系数显著为负，说明低工资是吸引 FDI 流入的重要因素，工资水平增加 1%，将使 FDI 减少 0.513%。随着人口红利的逐渐消失，我国的用工成本近年来呈不断增长的趋势，而不少外资企业开始向低劳动力成本地区转移（包括从我国向泰国等国家转移、从我国内部的东部向西部转移等）。不少研究表明，制度障碍（如户籍制度）是阻碍农村富余劳动力向城市转移的重要原因。若想继续保持对外资足够的吸引力，各地有必要改善户籍政策，从福利、子女入学等各方面保证农村劳动力顺畅流入，有效降低劳动力成本。

最后，基础设施的系数显著为正，说明基础设施的改善能显著促进 FDI 增加，基础设施密集度提升 1 单位，能促进 FDI 增加约 0.9%。这个结果说明，继续完善基础设施建设仍然是吸引外资的有效方式。上述结论与本书以及已有的大多数文献的研究结论一致。

（2）为了进一步检验本书所关心的契约实施效率指标的稳健性，我们使用《中国市场化指数：各地区市场化相对进程 2011 年报告》中更为直接的“中介市场发育度”作为衡量契约实施效率的替代指标（这个指标是本书最初使用指标的子项）进行回归，结果如表 5－5 所示。

表 5－5　FDI 稳健性检验

	(1) lnFDI	(2) lnFDI	(3) lnFDI	(4) lnFDI
contract 2	0.471*** (10.29)	0.198*** (5.77)	0.185*** (5.30)	0.157*** (4.81)
lngdp		1.342*** (16.30)	1.293*** (14.96)	1.125*** (13.28)
lnwage			0.331 (1.79)	−0.190 (−0.99)
infra				1.127*** (5.93)
_cons	20.94*** (102.05)	−17.23*** (−7.34)	−18.98*** (−7.50)	−9.572*** (−3.39)
R^2	0.3450	0.7186	0.7231	0.7649
N	203	203	203	203

结果表明，契约实施效率系数的符号、显著性甚至大小都未因衡量指标的不同而变化，也就是说，我们的结果是非常稳健的。这再次证实了我们所预期的契约实施效率、市场厚度和基础设施等因素对 FDI 的影响。为避免繁复的回归，下文中我们将只使用 contract 作为衡量契约实施效率的指标。

三、FGLS 回归结果分析

在实际经济问题中，往往存在异方差的情况。如在本节中，FDI 水平越高的地区，其可能的波动越大。由图 5－2 可较为直观地看出，尽管我们将 FDI 取了对数值，但其仍可能存在异方差的问题。计量模型中如存在异方差问题，则采用普通最小二乘法（OLS）估计模型参数，估计量仍具有线性和无偏性，但不具有方差最小性（即有效性）。

广义最小二乘法（GLS）是一种常见的消除异方差的方法。它的主要思想是为解释变量加上一个权重，从而使得加上权重后的回归方程方差是相同的。因此，在 GLS 方法下我们可以得到估计量的无偏和一致估计，并可以对其进行 OLS 下的 t 检验和 F 检验。而若要使用 GLS 方法来克服异方差的影响，我们首先必须知道所需权数的函数形式，即异方差的形式。在一般情况下，我们无法确切知道异方差真实的具体形式，因此需首先估计所加权重的拟合函数，然后再进行加权估计，这种方法叫作“可行性 GLS”，即 FGLS。此外，FGLS 方法还能消除自相关的影响。表 5－6 汇报了 FGLS 估计的回归结果。结果显示，在用 FGLS 方法消除了异方差和自相关的影响后，各解释变量的系数仍然保持较高的显著性水平，且其符号完全符合我们的预期。

表 5－6　FDI FGLS 回归结果

	(1) lnFDI	(2) lnFDI	(3) lnFDI	(4) lnFDI
contract	0.407*** (13.97)	0.178*** (6.53)	0.217*** (6.06)	0.143*** (3.71)
lngdp		1.204*** (13.37)	1.199*** (13.39)	1.135*** (13.03)
lnwage			−0.386* (−1.66)	−0.513** (−2.28)
infra				0.901*** (4.23)
_cons	20.56*** (113.09)	−13.39*** (−5.27)	−9.676*** (−2.87)	−6.731** (−2.03)
Log likelihood	−326.8868	−262.7893	−261.4214	−252.8556
N	203	203	203	203

注：采用 FGLS 方法进行估计时并无 R^2 值。但 Log likelihood 值具有较大的绝对值，说明回归结果值得信任。

四、关于可能存在的内生性问题的简单处理

契约实施效率的不同在很大程度上取决于契约实施制度的差异，而制度对于经济的影响可能会存在内生性问题。为此，我们根据通常做法，使用滞后一期的契约实施效率作为当期契约实施效率的工具变量进行 2SLS 回归，结果如表 5－7 所示。之所以采用契约实施效率的滞后变量作为其本身的工具变量，是因为一般

而言，解释变量的滞后变量符合工具变量的要求：一方面，内生解释变量显然与其滞后变量相关；另一方面，由于滞后变量已经发生，故为“前定”（从当期的角度看，其取值已固定），应该与当期的随机误差项不相关。2SLS 的回归结果显示，契约实施效率、GDP、工资和基础设施的系数都非常显著，且符合我们的预期。此外，契约实施效率指标的系数（0.1825195）亦略有增加。显然，在从一定程度上解决了内生性问题后我们得到了更加优良的结果。

表 5-7　FDI 工具变量法 2SLS 回归结果

lnFDI	Coef.	Std. Err.	t	P > |t|	[95% Conf. Interval]	
contract	0.1825195	0.039546	4.62	0.000	0.1044516	0.2605873
lngdp	1.018037	0.0917773	11.09	0.000	0.8368589	1.199214
lnwage	-0.758437	0.2902338	-2.61	0.010	-1.331388	-0.1854863
lninf	0.6762197	0.0977232	6.92	0.000	0.4833042	0.8691351
_cons	-0.1145623	4.043987	-0.03	0.977	-8.097799	7.868674

Instrumented：contract

Instruments：lngdp lnwage lninf L. contract

五、分位数回归结果

根据陈建宝和丁军军（2008）的研究，传统的线性回归模型描述了因变量的条件分布受到自变量 X 影响的过程。普通最小二乘法是估计回归系数的最基本的方法，它描述了自变量 X 对于因变量 Y 的均值影响。OLS 假设模型中的随机扰动项服从均值为零且方差相同的分布，在满足这个假定的前提下回归系数的 OLS 估计为最优线性无偏估计（BLUE）；进一步假设随机扰动项服从正态分布，则用 OLS 或极大似然法估计的回归系数为最小方差无偏估计（MVUE）。然而在现实情况中往往不满足这种假设，例如，数据呈厚尾或尖峰分布、存在异方差等情况，这种情况下的 OLS 估计量将不再具有上述优良特性。OLS 回归假定 X 只能影响因变量的条件分布的位置，但不能影响其分布的刻度或形状的任何其他方面。

为弥补 OLS 的缺陷，Koenker 和 Bassett（1978）提出了分位数回归（Quantile Regression）的思想。它依据因变量的条件分位数对自变量 X 进行回归，从而得到不同分位数水平下的回归模型。所以，相比 OLS 回归只能描述自变量 X 对因变量 Y 局部变化的影响，分位数回归能够更加精确地描述自变量 X 对因变量 Y 的条件分布形状以及变化范围的影响。此外，分位数回归能够捕捉分布的尾部特征，即当自变量 X 对不同分位数水平的因变量 Y 的分布产生不同的影响时，它能更加全面地刻画分布的特征，从而得到更为全面的分析。因此，用分位数回归方法估计的系数比 OLS 的回归系数更加稳健，且其反映的信息更加全面。

简言之，较之普通最小二乘方法，分位数回归放宽了对被解释变量分布的假设，使用加权残差绝对值之和最小化的方法估计参数，其条件更为宽松，信息更为丰富。具体来讲，存在以下优势：①分位数回归对随机误差项的分布没有要求，当误差项呈现非正态分布时，其参数估计量比 OLS 更有效；②分位数回归法测度了变量在不同分位数水平下的参数估计值，能更为全面地刻画变量的分布特征；③分位数回归通过使加权残差绝对值之和最小化来计算参数估计量，因而对于异常值的敏感程度远远小于 OLS，得到的估计量也更加稳健；④在回归系数的解释上，OLS 回归反映了自变量对因变量的平均影响，而分位数回归反映的是自变量对因变量在某个特定分位点处的边际影响。分位数回归能够提供不同分位数水平上的估计结果，因而可以对因变量的整体情况做出更为全面的解释。

表 5－8 列出了所有的回归结果。作为参照，我们首先对 FDI 的总体进行了混合最小二乘法回归，结果见（1）式；然后对被解释变量选取具有代表性的 0.1、0.25、0.5、0.75 和 0.9 分位点分别进行分位数回归，结果见（2）～（6）式。

从表 5－8 分位数回归的结果来看：

首先，契约实施效率和 GDP 的系数在各分位点处保持显著为正，说明二者均对 FDI 有显著且稳健的促进作用。但具体来看，契约实施效率的系数随着 FDI 水平的增加而增大，说明其对 FDI 的促进作用是逐渐增强的，在 FDI 水平越高的地区，其契约实施效率的改善对 FDI 的促进作用越大。

其次，与契约实施效率的系数变化趋势相反，GDP 的系数虽然保持显著为正，但其值表现出逐步减小的趋势，说明 GDP 对 FDI 的促进作用随着 FDI 的增加而减弱。随着地区 FDI 不断增加，地区经济规模对于 FDI 流入的促进作用变弱。也就是说，对于经济越发达的地区，国外投资者不再过于看重当地的经济规模，而会更加重视像契约实施效率这种“软实力”。

再次，工资水平的系数在 FDI 的 0.9 分位处非常显著，且其绝对值显著提高。说明在 FDI 水平高的地区，工资水平对 FDI 的影响更大，工资水平的高低成为国外投资者的重要决策因素。这能在一定程度上说明沿海地区的“用工荒”现象：在 FDI 水平较高的沿海地区，企业对劳动力需求的竞争非常激烈，廉价劳动力成了稀缺资源，而投资者对此较为看重，他们更倾向于在沿海地区中工资水平较低的地方投资。

最后，基础设施的系数持续为正，但表现出随FDI的增加而逐渐减小的趋势，且变得不再显著。这说明在FDI水平较低的时候，基础设施的改善能显著地促进FDI流入，但随着FDI的增加，投资者不再如此看重基础设施水平，因此基础设施对FDI的促进作用减弱。这个结果给我们的启发是，随着FDI的增加，地方政府不能一味地靠基础设施投资来吸引外资。结合对GDP和契约实施效率的分析，我们可以得出这样的结论：当一个地区FDI水平已经较高时，像经济规模和基础设施这种“硬实力”的提升对FDI的促进作用变弱，而投资者将更加看重像契约实施效率这种“软实力”。

表5-8 FDI分位数回归结果

	(1) lnFDI	(2) lnFDI(0.1)	(3) lnFDI(0.25)	(4) lnFDI(0.5)	(5) lnFDI(0.75)	(6) lnFDI(0.9)
main						
contract	0.143*** (3.67)	0.101** (2.00)	0.126* (2.01)	0.195** (2.37)	0.199*** (4.11)	0.197*** (3.22)
lngdp	1.135*** (12.87)	1.567*** (15.13)	1.294*** (7.96)	1.140*** (7.82)	0.949*** (4.77)	0.831*** (7.32)
lnwage	-0.513** (-2.25)	-0.500 (-1.19)	-0.580* (-1.76)	-0.465 (-1.15)	-0.389 (-1.39)	-0.798*** (-5.40)
infra	0.901*** (4.18)	0.633*** (4.46)	1.001*** (3.94)	0.711** (2.29)	0.415 (1.10)	0.260 (1.01)
_cons	-6.731** (-2.01)	-20.19*** (-3.61)	-11.32 (-1.78)	-7.601 (-1.41)	-1.857 (-0.28)	6.177 (1.74)
R^2	0.749	0.574	0.552	0.509	0.485	0.483
N	203	203	203	203	203	203

六、小结

本节利用2002~2008年中国29个省市区的数据，分别用普通最小二乘法、FGLS和分位数回归的方法考察了地方的契约实施效率对FDI流入的影响。实证结果表明，首先，契约实施效率的提高能显著促进FDI的增长，且随着FDI的增加，其促进作用会更加明显；其次，在FDI较高时（0.9分位处），工资水平的反向作用变得非常显著；最后，GDP和基础设施对FDI的促进作用随FDI的增加而减弱。基于此，本书对地方政府吸引外资提出以下政策建议：

（1）无论目前 FDI 水平较低的中西部还是 FDI 水平已经较高的东部地区，都应努力改善法院执法效率，促进契约实施效率的提升。特别是东部地区，其契约实施效率的提升对 FDI 的促进作用更加显著。

（2）对于 FDI 水平较低的中西部地区，基础设施的建设仍有较大空间，其基础设施的改善能显著地促进 FDI 流入；而对于 FDI 水平已经较高的东部地区，应当把重点放在如契约实施效率这种软实力的提升上。

（3）在 FDI 水平已经相当高的沿海地区，工资水平对 FDI 的负向作用非常显著，这在一定程度上反映出沿海地区的“用工荒”问题。这些地区应重视这一现象，着力解决外来务工人员的户籍、子女入学和社会保障各方面的问题，以吸引各地的劳动力，增加当地劳动力供给，缓解“用工荒”问题。

第二节　契约实施效率与外包

在第一节中，我们基于中国 FDI 的数据，用较为丰富的计量方法从不同角度对第三章的主要结论进行了验证，然后我们基于实证结果并结合中国现实给出了相应的政策建议。实证结果很好地证实了第三章的主要结论，即契约实施效率的提升能够显著地促进 FDI 流入，并能很好地解释 FDI 的区域分布不均衡的问题，这一结果在控制了经济规模、工资水平和基础设施等因素后依然成立。接下来，我们将从外包的角度验证第三章的结论。

改革开放以来，特别是加入 WTO 以来，中国依靠低劳动力成本的优势积极参与全球化分工与生产。其中，国际外包的发展格外引人注目。根据刘瑶（2011）的计算，2002~2006 年中国 19 个行业的垂直一体化程度（用 VS 值衡量）均有较大提高，其中，通信设备、计算机及其他电子设备制造业的 VS 值从 24.5% 上升到 97.5%。

加工贸易是我国承接国际外包和进行国际贸易的主要形式。根据《中国统计年鉴》，1995~2006 年中国的加工贸易额从 1300.7 亿美元增长到 8318.6 亿美元。2006 年中国进出口贸易总额为 17606.9 亿美元，其中加工贸易占到接近一半的比例。与此同时，我们可以看到，我国参与国际外包的程度有着非常大的区域差异。以加工贸易为例，2008 年加工贸易出口最多的 7 个省市依次为广东、江苏、上海、山东、浙江、福建和天津，全部分布在东部沿海，而这 7 个省市的加工贸易出口总量占当年全国加工贸易出口总量的约 92%。经典的国际贸易理论和大量的研究认为，我国凭借充裕的劳动力禀赋优势参与国际外包和贸易，然而国际外包却集中在工资水平相对较高的东部沿海地区，而不是工资更低的中西部地区。那么，是什么原因导致了我国承接国际外包的区域差异？要分析这一问题，我们首先需分析发包方选择接包合作伙伴的基础和动因。

关于国际外包基础和动因的研究框架大致可以分为两类：一类是在标准国际贸易理论框架下的研究，关注中间产品市场；另一类是引入产业组织理论的研究，关注交易成本、不完全契约等问题（胡昭玲，2006）。第一类文献如 Arndt（1997）、Deardorff（1998）、Jones 和 Kierzkowski（2001b）及国内学者卢锋（2004）等，用比较优势理论的模型解释垂直专业化的起因，分析其经济影响。他们应用的模型主要有李嘉图模型（Ricardian Model）、赫克歇尔—俄林模型（Heckscher - Ohlin Model）和特定要素模型（Specific - Factormodel）等。Ishii 和 Yi（1997），卢锋（2004），Chen、Ishikawa 和 Yu（2004）等则将不完全竞争与规模经济引入国际垂直专业化的分析。第二类文献则引入了产业组织与契约理论的框架，分析国际外包和 FDI 的动因。此类文献应用产权理论（Property Rights）、交易成本理论（Transaction Costs）、激励系统理论（Incentive Systems）和委托代理理论（Delegation of Authority）等有关企业边界的理论分析企业在一体化生产与外包之间的组织模式选择，如 Antràs（2003、2005、2009、2011）、Antràs 和 Helpman（2004、2006）、Grossman 和 Helpman（2002、2005）等。

本书的研究正是基于第二类文献的分析框架展开的。根据本书第三章的主要结论和上述其他文献，国际外包的动因可分为契约实施效率、要素禀赋、经济规模和基础设施等因素。因此，除劳动力成本以外，契约实施效率、基础设施状况、经济规模等都将对国际外包的区位选择造成影响。有部分学者对此进行了实证分析，但现有文献以研究 FDI 区位分布的居多，很少有文献对国际外包的区位分布进行实证分析。何玉梅和孙艳青（2011）在 Grossman 和 Helpman（2004）模型的基础上，结合契约不完全理论和国际贸易理论，分析跨国企业外包决策的微观机理，并基于 2003 ~ 2007 年的中国工业数据展开经验分析。研究发现，生产环节的难以监督和契约制度环境不完善产生的代理成本使国际外包水平显著下降，间接验证了为保证产品质量需要增大代理成本，从而影响企业外包选择的理论假说。但他们用“代理成本”来表示契约实施成本，分析了影响国际外包的行业因素，并未考察制度层面的因素对国际外包区位分布的影响。从不完全契约的视角分析契约实施制度对国际外包在某国内部分布影响的文献非常少见，在本节中我们将对此做出初步尝试。

事实上，跨国公司在东道国进行采购、生产、销售的过程中，由于地方制度与文化的差异，与当地原材料、中间产品供应商及零售商的讨价还价将不同程度地面临着契约不完全的问题。由 Hart 和 Moore（1990）等开创的不完全契约理论指出，契约天生是不完全的，这就使事前的专用性投资无法写入契约，因而在事后的再谈判过程中投资方就会面临被“敲竹杠”的风险，从而导致投资的无效率。而良好的契约实施制度有助于降低契约不完全程度，缓解团队生产中的道德风险，从而深化劳动分工和促进技术采用，提高劳动生产率（Acemoglu 等，2007），增加承接国际外包的可能。另外，我国各地区由于地理、文化、法规及市场化程度的不同，导致契约执行效率存在较大的差异，跨国公司的合作对象是与其战略目标最为契合的地区，所以研究跨国公司在一国内部的国际外包区位选择比国家层次上的区位决定可能更有意义。

鉴于此，本节试图从不完全契约的角度探讨国际外包在我国各地区间的区位分布，力求对该问题进行初步的解释。本节内容的创新之处在于：从不完全契约的角度，利用中国 2002 ~ 2008 年 29 个省市区的面板数据，探讨了我国各省份间契约实施效率的差异对国际外包区位分布的影响。为了更为细致和全面地分析契约实施效率对国际外包区位分布的影响，在本节中除了基础的面板数据回归外，我们还将采用 FGLS、工具变量法和分位数回归的方法。

一、计量模型设定和相关变量的测度

（一）模型设定

根据上述分析，契约实施效率是影响国际外包区位分布的重要因素，也是本书主要关心的变量。同时，工资水平、基础设施和经济规模也是影响国际外包区位分布的重要因素，因此，本书设定如下计量模型：

$$\ln os_{it} = \beta_0 + \beta_1 contract_{it} + \beta_2 \ln gdp_{it} + \beta_3 \ln wage_{it} + \beta_4 infra_{it} + e_{it}$$

其中，i 和 t 分别代表地区和年份；$\ln os_{it}$ 为国际外包水平（用加工贸易出口值度量）的对数值；β_0 为常数项；$contract_{it}$ 是契约实施效率指标；$\ln gdp_{it}$ 为地区生产总值的对数值，衡量地区经济规模；$\ln wage_{it}$ 为工资水平的对数值；$infra_{it}$ 为基础设施指标；e_{it} 是残差项。$contract_{it}$ 是我们主要关心的解释变量，$\ln gdp_{it}$、$\ln wage_{it}$ 和 $\ln fra_{it}$ 是控制变量。在实证分析过程中，本书将首先对 $\ln os_{it}$ 和 $contract_{it}$ 进行回归分析，在此基础上逐一加入控制变量，检验存在其他影响因素的情况下契约不完全性对国际外包作用的稳健性。

（二）变量的测度

本书采用 2002~2008 年中国 29 个省（自治区、直辖市）的面板数据进行实证分析。选取 2002~2008 年的数据是因为，2001 年 11 月我国正式加入世界贸易组织（WTO），这对于我国承接国际外包影响重大；而 2007 年发生了席卷全球的金融危机，危机的影响在 2008 年之后逐步显现出来。所以 2002~2008 年的数据能比较稳定地反映我们所关心的变化和变量作用。之所以选取 29 个省份的数据是因为，西藏和青海的某些关键数据缺失，另外香港、澳门和台湾的制度与大陆有根本性差别，不属于本书所关心的因素。

1. 国际外包水平

在现有文献中，度量国际外包水平的主要方法是应用投入产出表和相关进口统计数据，计算进口中间投入在总产出、总投入中所占的比重，或在此基础上进一步计算出口中包含的进口中间投入的比例。除此之外，还有学者使用加工贸易等相关国际贸易统计数据间接说明国际外包的趋势和程度。由于本书主要研究国际外包水平的区域差异，而我国各省份并未统计投入产出表，这使得我们只能使用加工贸易来间接测度国际外包水平。此外，由于加工贸易在我国国际贸易和外包中有非常重要的地位，所以选取这个指标对于研究我国的情况有较强的合理性。

2. 契约实施效率

关于测度我国地区间契约实施效率的指标，目前较流行的有世界银行发布的 2008 年《中国营商环境报告》（盛丹和王永进，2010；王永进、李坤望和盛丹，2010；等等），但目前该报告只发布了一年，由于本书关心契约实施效率随时间不断进步对国际外包的促进作用，所以采用不同地区和时间的面板数据做实证分析，因而 2008 年《中国营商环境报告》的数据不适用于本书。此外，樊纲、王小鲁和朱恒鹏发布的《中国市场化指数》对中国各省、自治区、直辖市市场化的相对进程做出了较为客观和详尽的分析，并经过一系列的分析和计算，得出中国各地区的总体市场化指数。市场化指数总体评分是由五个方面 23 项基础指标组成的，它们各自反映了不同领域的市场化程度。基础指标评分是以 2001 年为基期，在0～10 取值（基期单项基础指标市场化程度最高的省份在该项的基期得分为 10 分，最低的省份基期得分为 0 分；但根据年度变化，某些省份可能超过 10 分或小于 0 分）。市场化指数的五个方面包括：①政府与市场的关系；②非国有经济的发展；③产品市场的发育；④要素市场的发育；⑤市场中介组织和法律制度环境。其中，第五个方面能较好地代表契约实施效率，我们下面将对此进行简要说明。构成这一方面的指标分为四个项目：中介市场发育度；生产者合法权益保护；知识产权保护；消费者权益保护。其中，前三个项目与契约实施效率有较强的相关性。a 项“中介市场发育度”由两个指标构成，即律师数/总人口和会计师人数/总人口。这两个指标能较好地体现地区间证实成本的差异。一旦签约双方在交易时产生争议，拥有更多律师和会计师的地区能够更加方便地对双方签订的契约进行审查，并经由法庭证实和执行。b 项“生产者合法权益保护”采用企业对各地区司法环境评价的调查数据，能较为真实地体现各地区契约和制度环境的质量。c 项为“知识产权保护”指标，由于企业在承接外包的过程中存在与发包企业产生知识产权纠纷的情况，所以对知识产权的保护有利于双方就相关问题签订和执行契约。此外，d 项“消费者权益保护”也能从一定程度上反映出当地的制度质量。综合以上分析，“市场中介组织和法律制度环境”指标能很好地反映契约实施效率，因此我们将选取樊纲、王小鲁和朱恒鹏在《中国市场化指数：各地区市场化相对进程 2011 年报告》中的这一指标。此外，为了检验契约实施效率对国际外包水平影响的稳健性，我们还将使用该报告中更为直接的“中介市场发育度”作为衡量契约实施效率的替代指标。

3. 工资水平

对于工资水平的衡量，本书采用各省份 2002~2008 年职工平均工资，数据来自《中国统计年鉴》。

4. 基础设施

本书采用各省份单位面积公路、铁路和内河航道里程（公里/平方公里）对此进行测算。

5. 地区生产总值

本书采用各省份 2002~2008 年的名义 GDP。

（三）变量说明和数据来源以及变量描述性统计

变量说明、数据来源和描述性统计如表 5－9、表 5－10 所示。

表 5－9　变量说明和数据来源

变量名称	指标选取	数据来源	单位	预期符号
国际外包水平	加工贸易出口	各地区统计年鉴	元	
契约实施效率	市场中介组织和法律制度环境	《中国市场化指数》	得分	+
工资水平	职工平均工资	《中国统计年鉴》	元	－
基础设施	单位面积公路、铁路和内河航道里程	《中国统计年鉴》	公里/平方公里	+
地区生产总值	名义 GDP	《中国统计年鉴》	元	+

表 5－10　变量描述性统计

Variable	Obs	Mean	Std. Dev.	min	max
lnos	203	21. 02452	2. 166641	14. 20891	26. 30354
contract	203	5. 514483	2. 923485	1. 36	17. 14
lnwage	203	9. 781456	0. 3907178	9. 124128	11. 50975
lngdp	203	29. 25025	0. 885775	26. 52017	31. 23643
infra	203	0. 6325397	0. 4279704	0. 0516286	2. 228441

由各省国际外包水平和平均工资对数值的散点图（见图5-3）可以看出，二者之间不仅不存在负向关系，还存在较明显的正向关系。这说明，并非工资水平越低的地区能承接越多的国际外包，单纯考虑劳动力成本不足以解释国际外包水平的地区差异。

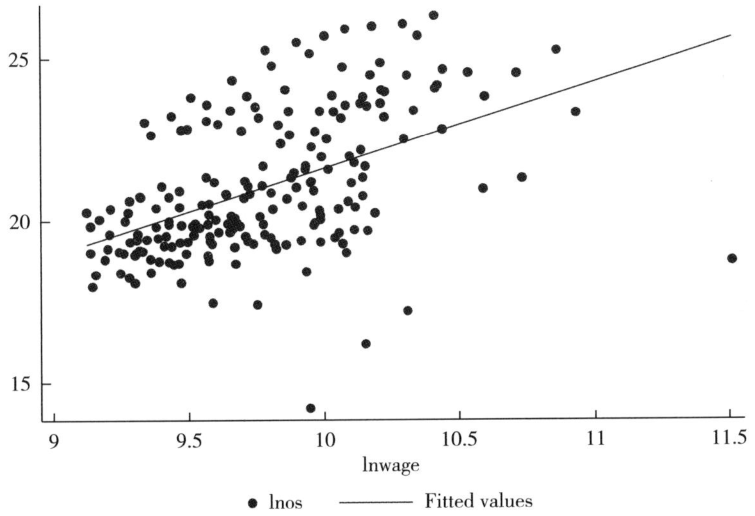

图5-3　各省份国际外包水平和平均工资对数值的散点图

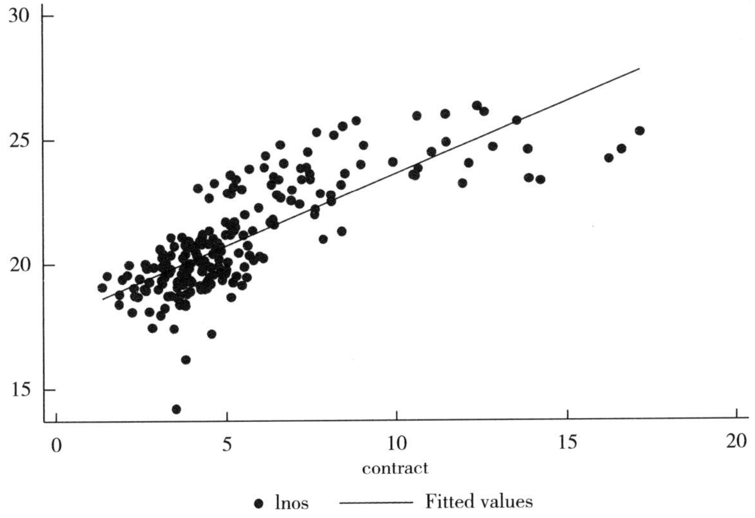

图5-4　国际外包水平和契约实施效率对数值的散点图

由国际外包水平和契约实施效率对数值的散点图（见图 5－4）可以初步判断，二者存在较明显的正向关系。此外，由图 5－3 和图 5－4 我们还可以推测，取对数并没有特别有效地消除异方差问题，所以在模型的估计方法上，除了 OLS 外我们还将采用 FGLS（可行广义最小二乘法）估计，进一步消除异方差的影响。

二、初步回归结果及其分析

（1）作为参照，我们首先做了面板数据随机效应回归。表 5－11 中列（1）～（4）是逐一加入控制变量的回归结果，这样做的好处是既能逐步控制主要解释变量的影响，又能同时检验主要关心变量（契约实施效率）对外包影响的稳健性。

表 5－11　国际外包随机效应回归结果

	(1)	(2)	(3)	(4)
contract	0.298*** (9.83)	0.142*** (3.20)	0.161*** (3.44)	0.168*** (3.31)
lngdp		0.872*** (5.46)	0.987*** (5.46)	0.997*** (5.42)
lnwage			−0.304* (−1.37)	−0.272 (−1.19)
infra				−0.131 (−0.47)
_cons	19.379*** (68.05)	−5.281 (−1.18)	−5.754 (−1.28)	−6.315* (−1.34)
R^2	0.607	0.721	0.720	0.717
Obs	203	203	203	203

注：表中数据为变量的系数估计值，括号中为相应的 t 值。*** 表示 1% 的显著性水平，** 表示 5% 的显著性水平，* 表示 10% 的显著性水平，下同。

表 5－11 的结果显示，首先，契约实施效率的系数显著为正，且在逐渐加入控制变量后结果依然稳健。总体上看，在控制了其他因素之后，契约实施效率的指标每提升 1 单位，能促进国际外包水平增加 0.168%。一方面，这表明契约实施效率的提高对国际外包水平有着显著的促进作用；另一方面，这也反映出各省份间契约实施效率的不同能够强有力地解释地区间国际外包水平的差异。相对于其他解释变量，契约实施效率对国际外包水平的解释力非常显著并且在控制了其他变量影响后仍然稳健，所以其作用应引起足够的重视。这在其他文献中并未特别指出，但正是我们所强调的。

其次，反映经济规模的 GDP 对国际外包水平的影响也显著为正并且稳健。GDP 每增加 1%，能促进国际外包增加 0.997%，国际外包水平与 GDP 大致同比例增长。这说明地区的经济规模也是影响国际外包水平的重要因素。总体的经济规模能够在一定程度上反映这个地区的“市场厚度”，根据不完全契约理论，“市场厚度”的增加能够降低企业被“敲竹杠”的风险，因此，“市场厚度”的增加能促进企业间的投资和合作。本书的实证结果证实了这一论断。

再次，工资水平的系数为负，意味着工资水平低的省份对国际外包有一定程度的吸引力，但不显著。这说明，在我国各省份之间，工资水平的差异并不是造成地区间国际外包水平差异的重要原因。也就是说，本书的结果显示，传统的要素禀赋理论并不能很好地解释中国地区间国际外包水平的差异。

最后，基础设施的系数为负，但也不显著。这说明基础设施并未很好地解释地区间国际外包水平的差异。一个可能的解释是，本书选取的基础设施指标为单位面积的公路、铁路和内河航道，而承接外包的企业可能更重视海运。另外，由于地方政府有通过公路和铁路投资申请中央财政拨款与拉动短期 GDP 的激励，现存的公路铁路里程并不一定被有效利用。

（2）接下来本书做出进一步的实证分析。为了进一步检验本书所关心的契约实施效率指标的稳健性，我们使用《中国市场化指数：各地区市场化相对进程 2011 年报告》中更为直接的“中介市场发育度”作为衡量契约实施效率的替代指标（这个指标是本书最初使用指标的子项）进行回归，结果如表 5－12 所示。

表 5－12　国际外包稳健性分析结果

	(1) lnos	(2) lnos	(3) lnos	(4) lnos
contract 2	0.0766* (1.45)	0.101*** (2.45)	0.106*** (2.56)	0.113*** (2.71)
lngdp		1.211*** (11.60)	1.230*** (7.56)	1.183*** (6.82)
lnwage			−0.0153 (−0.07)	−0.0837 (−0.37)
infra				0.237 (0.91)
_cons	20.72*** (61.14)	−14.81*** (−4.82)	−15.22*** (−4.42)	−13.34*** (−3.21)
R^2	0.4489	0.6629	0.6637	0.6839
N	203	203	203	203

稳健性分析的回归结果表明，契约实施效率系数的符号、显著性甚至大小都未因衡量指标的不同而变化，也就是说，我们的结果是非常稳健的。这再次证实了我们所预期的契约实施效率、市场厚度和基础设施等因素对国际外包的影响。同样，为避免繁复的回归，下文中我们将只使用 contract 作为衡量契约实施效率的指标。

三、FGLS 回归结果分析

根据图 5 – 3 和图 5 – 4 我们可以初步断定，尽管将变量取了对数值，但我们的回归结果仍可能存在异方差问题。同样，借鉴本章第一节的分析，我们将采用 FGLS 方法消除异方差对回归造成的不良影响。回归结果如表 5 – 13 所示。

表 5 – 13　国际外包 FGLS 回归结果

	(1) lnos	(2) lnos	(3) lnos	(4) lnos
contract	0. 577 *** (17. 70)	0. 361 *** (10. 57)	0. 461 *** (10. 49)	0. 443 *** (9. 01)
lngdp		1. 137 *** (10. 08)	1. 124 *** (10. 25)	1. 109 *** (9. 97)
lnwage			– 0. 988 *** (– 3. 47)	– 1. 018 *** (– 3. 54)
infra				0. 212 (0. 78)
_cons	17. 84 *** (87. 69)	– 14. 24 *** (– 4. 47)	– 4. 723 (– 1. 14)	– 4. 031 (– 0. 95)
Log likelihood	– 349. 7308	– 308. 5217	– 302. 6871	– 302. 3842
N	203	203	203	203

注：采用 FGLS 方法进行估计时并无 R^2 值。但 Log likelihood 值具有较大的绝对值，说明回归结果值得信任。

回归结果显示，在消除了异方差问题后，主要解释变量的系数仍然保持高显著性水平，且其符号完全符合我们的预期。此外我们注意到，契约实施效率指标的系数大小有较为显著的增加，且工资水平的系数显著为负。这说明消除异方差问题后我们得到的回归结果更具有说服力。

四、内生性问题与工具变量法 2SLS 回归

借鉴上一节的分析，契约实施效率的不同在很大程度上取决于契约实施制度的差异，而制度对于经济的影响可能会存在内生性问题。为此，我们根据通常做法，使用滞后一期的契约实施效率作为当期契约实施效率的工具变量进行 2SLS 回归，结果如表 5 - 14 所示。之所以采用契约实施效率的滞后变量作为其本身的工具变量是因为一般而言，解释变量的滞后变量符合工具变量的要求：一方面，内生解释变量显然与其滞后变量相关；另一方面，由于滞后变量已经发生，故为“前定”（从当期的角度看，其取值已固定），应该与当期的随机误差项不相关。2SLS 的回归结果显示，契约实施效率、GDP 和工资水平的系数都非常显著，且其符号符合我们的预期。此外，契约实施效率指标的系数（0. 2227789）亦略有增加。显然，在从一定程度上解决了内生性问题后我们得到了更加优良的结果。

表 5 - 14　国际外包 2SLS 回归结果（附豪斯曼检验结果）

lnos	Coef.	Std. Err.	z	P > | z |	[95% Conf. Interval]	
contract	0. 2227789	0. 0647256	3. 44	0. 001	0. 095919	0. 3496387
lngdp	1. 271281	0. 2455857	5. 18	0. 000	0. 7899421	1. 75262
lnwage	-0. 9870315	0. 3976723	-2. 48	0. 013	-1. 766455	-0. 2076081
lninf	-0. 0650032	0. 1991109	-0. 33	0. 744	-0. 4552533	0. 325247
_cons	-7. 782586	6. 335302	-1. 23	0. 219	-20. 19955	4. 634378
sigma_u	0. 85241547					
sigma_e	0. 54722698					
rho	0. 70815099（fraction of variance due to u_i）					
Instrumented：contract						
Instruments：lngdp lnwage lninf L. contract						
豪斯曼检验结果：						
Coefficients						

	(b)	(B)	(b - B)	sqrt（diag（V_b - V_B)）
	ivxtreg	xtreg	Difference	S. E.
contract	0. 2227789	0. 1635705	0. 0592084	.
lngdp	1. 271281	1. 030904	0. 2403771	.

续表

lnos	Coef.	Std. Err.	z	P > | z |	[95% Conf. Interval]
lnwage	-0.9870315		-0.2676636	-0.7193679	0.0739884
lninf	-0.0650032		-0.112924	0.0479208	.
_cons	-7.782586		-7.494662	-0.2879239	.

b = consistent under Ho and Ha; obtained from xtivreg

B = inconsistent under Ha, efficient under Ho; obtained from xtreg

Test: Ho: difference in coefficients not systematic

chi2 (5) = (b - B) ´[(V_b - V_B) ^ (-1)] (b - B)

=90.72

Prob > chi2 = 0.0000

五、分位数回归结果

为了更加全面地考察契约实施效率对不同分位点处的国际外包水平的影响，我们采用了分位数回归的方法。分位数回归的原理和优点我们已经在第一节做了简要的说明，此处不再赘述。表 5 - 15 列出了所有的回归结果。作为参照，我们首先对国际外包的总体进行了随机效应回归，结果见（1）式；然后对被解释变量选取具有代表性的 0.1、0.25、0.5、0.75 和 0.9 分位点分别进行分位数回归，结果见（2）~（6）式。与对 FDI 的作用类似，国际外包的分位数回归结果显示：

表 5 - 15　国际外包分位数回归结果

	(1) lnos	(2) lnos (0.1)	(3) lnos (0.25)	(4) lnos (0.5)	(5) lnos (0.75)	(6) lnos (0.9)
main						
contract	0.168 ***	0.282 ***	0.438 ***	0.455 ***	0.587 ***	0.768 ***
	(3.31)	(4.26)	(5.48)	(4.05)	(4.62)	(4.50)
lngdp	0.997 ***	1.231 ***	1.155 ***	1.035 ***	0.969 ***	0.825 ***
	(5.42)	(3.59)	(5.91)	(5.50)	(3.77)	(4.74)
lnwage	-0.272	-0.736 *	-1.233 ***	-0.733	-0.585	-1.641 **
	(-1.19)	(-1.44)	(-3.39)	(-1.84)	(-0.67)	(-2.35)
infra	-0.131	0.289	-0.0246	0.241	-0.347	-0.470
	(-0.47)	(0.90)	(-0.06)	(0.58)	(-0.81)	(-0.46)
_cons	-6.315	-10.85	-3.805	-4.817	-3.992	10.54
	(-1.34)	(-1.15)	(-0.66)	(-0.91)	(-0.38)	(1.23)
R^2	0.7168	0.4352	0.4515	0.5166	0.5455	0.5521
N	203	203	203	203	203	203

首先，契约实施效率和 GDP 的系数在各分位点处均显著为正，说明二者均对国际外包有显著且稳健的促进作用。但具体来看，契约实施效率的系数随着国际外包水平的增加而明显增大。在国际外包水平较低的 0.1 分位处，契约实施效率每提升 1 单位，国际外包水平将提升 0.282%；而在具有较高国际外包水平的地区（0.9 分位处），1 单位的契约实施效率提升将使得国际外包水平提升 0.768%，是 0.1 分位处的近 3 倍。这说明对国际外包的促进作用是逐渐增强的，在国际外包水平越高的地区，契约实施效率的改善对国际外包的促进作用越大。

其次，与契约实施效率的系数变化趋势相反，GDP 的系数虽然保持显著为正，但其值表现出逐步减小的趋势。在国际外包水平较低的 0.1 分位处，GDP 每提升 1%，国际外包水平将提升 1.231%，其提升幅度甚至比 GDP 幅度还大；而在具有较高国际外包水平的地区（0.9 分位处），GDP 每提升 1%，只能使得国际外包水平提升 0.825%。这说明 GDP 对国际外包的促进作用随着国际外包水平的增加而减弱。随着地区国际外包水平不断增加，地区经济规模对于国际外包的促进作用变弱。也就是说，对于经济越发达的地区，国外投资者不再过于看重当地的经济规模，而会更加重视像契约实施效率这种“软实力”。

再次，工资水平的系数保持为负，说明低工资仍是吸引国际外包的有利因素，这符合我们的预期。此外我们注意到，工资水平在国际外包较低水平时（0.1 分位处和 0.25 分位处）和较高水平时（0.9 分位处）都有较大的绝对值，且较为显著。一方面，这说明在承接国际外包初期，低工资是较为重要的条件，能够显著地吸引国际外包；另一方面，这说明在国际外包水平相当高的地区，工资水平对国际外包的影响也较大，工资水平的高低成为国外投资者的重要决策因素。这能在一定程度上说明沿海地区的“用工荒”现象：在国际外包水平较高的沿海地区，企业对劳动力需求的竞争非常激烈，廉价劳动力成了稀缺资源，而投资者对此较为看重，他们更倾向于在沿海地区中工资水平较低的地方投资。

最后，基础设施的系数并不显著，意味着我们的研究并未表明基础设施对国际外包有显著的促进作用，这个发现与以往的研究多少有些出入。对于基础设施并未很好地解释地区间国际外包水平的差异，一个可能的解释是：本节选取的基础设施指标为单位面积的公路、铁路和内河航道，而承接外包的企业可能更重视海运。由于地方政府有通过公路和铁路投资申请中央财政拨款与拉动短期 GDP 的激励，现存的公路铁路里程并不一定被有效利用。另外，对比基础设施对 FDI 的作用我们发现，在承接国际产品内分工初期，良好的基础设施对 FDI 有较为显著的促进作用，但对国际外包的影响并不显著，一个可能的解释是：位于发达国家的跨国公司母公司在开始合作之初对东道国的契约制度环境并不了解，为克服不完全契约带来的各种问题，其更倾向于采用一体化（FDI）的形式与东道国合作，而随着合作的增加和东道国契约制度环境的改善，外包这一合作形式得到发展。

六、小结

根据本书基于不完全契约理论对跨国公司国际外包选择的分析，地区间契约实施效率的差异是影响跨国公司国际外包区位选择的重要因素。本节中我们运用中国29个省份2002~2008年的面板数据对此进行了检验。实证结果表明，契约实施效率的提升能显著地促进国际外包水平，并且在控制了劳动力成本、基础设施和经济规模等因素后这一结果依然显著。此外，为了解决模型中可能存在的异方差和内生性问题，本节还分别采用了FGLS估计和工具变量法2SLS估计。为了更加全面地分析契约实施效率对国际外包不同分位点水平的影响，我们还采用了分位数回归的方法。

以加工贸易为主的国际外包是我国经济发展的重要推动力。本书的分析表明，契约实施效率是促进地区国际外包的重要因素。这显然有着十分重要的含义：首先，已有的大量研究表明，制度是促进一国经济增长的重要因素。而本书的分析则提供了一个更加具体的机制，即地区契约实施制度的改善能增加当地的国际外包水平，从而对地区经济增长起到推动作用。其次，我国西部省份相对更低的工资并没有有效地获取国际外包企业的青睐，国际外包活动主要集中在东部沿海地区。根据本书的分析，东西部地区的契约实施效率差异是造成这个现象的重要原因。西部省份若想发挥其劳动力成本优势，应着力改善当地的契约制度环境。随着东部地区工资水平的增长，我国参与国际外包的企业有从东部向西部转移的趋势，如富士康。西部各省份应把握这一机会，用良好的契约制度吸引参与国际外包的企业。

第三节　国际外包水平的测度及对行业因素的分析

根据本书第三章的理论分析，契约实施效率的提升不仅能促进FDI的流入或国际外包的承接，而且这一促进作用对于契约密集度越高的行业促进作用越明显。而无论是FDI还是外包，都能通过垂直专业化水平来衡量。本节中，我们将通过计算不同行业的垂直专业化水平，结合不同行业的契约密集度来验证这一结论。由于时间序列数据不够长，所以我们只能放弃计量方法，而采用数据描述的方法验证我们的结论。

一、中国分行业垂直专业化比率的计算

目前，衡量一国垂直专业化水平的方法主要有以下三种：

（1）使用中间品或零部件贸易数据衡量。采用这一度量方式的代表性文献包括 Arndt（1997），Feenstra 和 Hanson（1996），Feenstra（1998），Ronald Jones、Henryk Kierzkowski 和 Chen Lurong（2004）等。其中，Feenstra 和 Hanson（1996）使用中间品占一国进口的比重来衡量外包或垂直专业化水平。但对于中国的情况，因为最初版本的 SITC 未对最终品和中间品做出区分，而之后版本的 SITC 虽然增加了关于零部件贸易的大量统计，对产品进行了细分，但由于其统计所包含的产品种类非常有限，而且与之前小节所使用的加工贸易数据方法类似，因此接下来我们不使用这一指标衡量中国的垂直专业化水平。

（2）使用加工贸易数据衡量。加工贸易是中国参与国际外包的重要方式，且加工贸易的主要形式为来料加工和进料加工，与零部件贸易较为相似。因此，加工贸易可以较好地度量像中国这种发展中国家参与国际外包的水平。Feenstra 和 Hanson（2003）就是使用加工贸易度量垂直专业化水平。而本章第二节的实证研究也使用加工贸易度量中国参与国际外包的程度。

（3）还有一种方法，其衡量指标被称为“垂直专业化比率”，由 Hummels、Ishii 和 Yi（2001）首先提出。这种方法使用的指标需要用投入产出表来计算。垂直专业化指数的计算思路是：把不同行业出口的最终产品中包含的中间品进口总值视为垂直专业化贸易量，然后通过计算垂直专业化贸易量占出口的比率得到垂直专业化比率。垂直专业化比率由于运用投入产出表计算得来，其准确度较高，但一般情况下投入产出表并非每年都统计，所以我们很难得到连续年份的指标。解决办法之一是用相应年份的投入产出表作为一个时间段内（某几年）投入产出表的近似值。本节中我们将用此种方式计算中国不同行业的垂直专业化比率。

接下来我们将简要介绍 Hummels、Ishii 和 Yi（2001）提出的垂直专业化比率计算方法。Hummels 等认为垂直专业化的本质特征是进口中间品，然后生产最终品并出口。因此，出口的最终品中包含的进口中间品的数量就是垂直专业化程度的度量。这个绝对的数量被称为 VS（Vertical Specialization）值，其计算公式为：

$$VS_i = \left(\frac{M_i}{Y_i}\right)X_i = \left(\frac{X_i}{Y_i}\right)M_i \qquad (5-1)$$

其中，VS_i 表示 i 行业的垂直专业化水平（贸易值），M_i 表示 i 行业进口的中

间品价值，它等于 i 行业从所有其他行业进口的中间品价值之和，$M_i = \sum_{j=1}^{n} M_{ji}$，$M_{ji}$表示 i 行业从 j 行业进口的中间品价值，n 表示该国行业数目。X_i 和 Y_i 分别表示该国 i 行业的总出口和总产出。

由（5－1）式可知，VS_i 的单位是价值量，因此它是一个绝对指数。我们用 VS 值除以该国出口总量得到一个比率，称为垂直专业化比率（Vertical Specialization Share），简称 VSS 值。

$$VSS = \frac{\sum_{i=1}^{n} VS_i}{\sum_{i=1}^{n} X_i} = \frac{\sum_{i=1}^{n}\left(\frac{VS_i}{X_i}\right)X_i}{\sum_{i=1}^{n} X_i} = \sum_{i=1}^{n}\left(\frac{X_i}{X}\frac{VS_i}{X_i}\right) \tag{5-2}$$

结合（5－1）式得：

$$VSS = \frac{\sum_{i=1}^{n} VS_i}{X} = \frac{1}{X}\sum_{i=1}^{n}\left(\frac{M_i}{Y_i}\right)X_i = \frac{1}{X}\sum_{i=1}^{n}\left(\frac{X_i}{Y_i}\right)\left(\sum_{j=1}^{n} M_{ji}\right) = \frac{1}{X}\sum_{i=1}^{n}\sum_{j=1}^{n}\frac{X_i}{Y_i}M_{ji} \tag{5-3}$$

假设 j 行业生产一单位最终品需从 i 行业进口 a_{ij}单位中间品，即 $a_{ij} = \frac{M_{ij}}{Y_i}$。我们还易知，使用进口中间品的行业生产的产品可再次被用作另一个行业的中间品，依此类推直到体现在最终出口的商品中。也就是说，进口投入品在被生产为最终品并出口之前，可能在国内的各行业经历多次流转。据此，（5－3）式可以写为以下形式：

$$VSS = \frac{1}{X}uA^M(I - A^D)^{-1}X^V \tag{5-4}$$

其中，X 表示一国的出口总量，u 为单位行向量，$u = (1, 1, \cdots, 1)$，$A^M = \begin{pmatrix} a_{11} & \cdots & a_{1n} \\ \vdots & \ddots & \vdots \\ a_{n1} & \cdots & a_{nn} \end{pmatrix}$叫作进口消耗系数矩阵，表示该国对进口中间品的依赖程度。$A^D = \begin{pmatrix} b_{11} & \cdots & b_{1n} \\ \vdots & \ddots & \vdots \\ b_{n1} & \cdots & b_{nn} \end{pmatrix}$叫作国内消耗系数矩阵，其中，$b_{ij}$表示生产一单位 j 行业产品所需的 i 行业国内中间品数量。I 为单位矩阵，$(I - A^D)^{-1}$叫作完全需求系数矩阵，其含义是在各行业使用进口的中间品生产最终品的过程中，第 2 至第 n 阶段体现在国内总产出上的总利用效应，包括直接效应和间接效应。$A = A^M + A^D$ 称为投入产

出表中的直接消耗系数矩阵，它可以衡量总产出中中间品的比重。$X^V = \begin{pmatrix} X_1 \\ \vdots \\ X_n \end{pmatrix}$表示各行业的出口列向量。此外，值得注意的是，Hummels 等的 VSS 计算方法有两个隐含的假设。首先，所有行业使用的 i 行业中间品中，进口中间品的比例相等；其次，i 行业中进口的中间品占国内使用的所有中间品的比重等于该国进口的最终品占该国所有最终品的比重。

本节中我们根据这一算法，借鉴刘瑶（2011）的研究，用 1997～2006 年的相关数据计算了中国工业细分行业的垂直专业化比率。（5－4）式中的 A^M 和 A^D 分别用 1997 年和 2002 年的投入产出表计算得出。由于缺乏其他年份的投入产出表，我们用 1997 年的代替 1998～2001 年，用 2002 年的代替 2003～2006 年。另外，由于“废弃资源和废旧材料回收加工业”“武器弹药制造业”和“工艺品及其他制造业”数据不全，这里我们不计算这三个行业的垂直专业化比率。相应的贸易数据来自联合国贸易和发展会议的 COMTRADE 数据库。我们按照国际贸易标准分类（SITC 3.0）对商品贸易数据重新按行业划分归总。计算的结果如表 5－16 所示。

表 5－16　1997～2006 年中国各行业出口的垂直专业化比率　　单位：%

行业	1997 年	1998 年	1999 年	2000 年	2001 年	2002 年	2003 年	2004 年	2005 年	2006 年
01	6.16	6.06	6.95	8.85	9.34	6.11	7.77	12.63	10.13	11.37
02	4.54	4.40	5.01	6.50	6.85	5.38	6.80	11.70	8.85	9.95
03	10.94	10.62	11.72	15.19	16.62	9.86	12.65	20.89	17.44	19.37
04	6.47	6.11	6.94	8.96	9.41	7.67	9.69	16.92	12.82	14.44
05	2.23	2.15	2.36	2.88	2.98	2.90	3.64	5.60	4.94	5.58
06	10.44	9.79	10.29	12.26	12.43	12.21	14.40	20.88	18.25	20.14
07	11.08	10.27	10.76	13.09	13.35	13.39	17.90	16.74	11.85	16.27
08	8.18	7.86	8.45	10.37	10.46	7.55	9.82	28.46	11.73	13.67
09	9.90	9.90	11.12	13.59	13.99	10.78	13.36	24.03	17.89	20.63
10	17.85	13.04	16.64	30.41	27.55	22.15	27.31	37.41	40.59	45.20
11	11.17	10.79	12.17	15.48	15.94	13.68	16.90	25.64	23.40	25.79
12	7.70	7.40	8.44	10.83	11.24	8.74	11.04	17.60	15.04	16.92
13	13.64	13.08	14.79	19.46	20.56	14.12	18.58	25.73	25.78	27.93
14	12.04	11.76	13.33	17.04	17.80	13.57	17.92	24.99	24.33	26.77
15	14.35	14.22	16.10	20.07	21.41	17.41	22.22	29.99	29.86	34.05

续表

行业	1997年	1998年	1999年	2000年	2001年	2002年	2003年	2004年	2005年	2006年
16	15.74	15.64	17.41	21.11	23.62	17.22	22.35	30.74	28.65	33.26
17	15.88	16.27	19.00	24.22	25.58	18.99	24.24	32.42	33.58	38.74
18	17.53	20.22	24.46	32.02	35.33	24.51	34.09	48.01	64.00	97.51
19	17.10	18.67	21.58	27.57	30.16	24.04	31.38	42.38	49.02	64.20

注：其中编号01~19的行业分别为：01煤炭开采和洗选业；02石油和天然气开采业；03金属矿采选业；04非金属矿采选业；05食品制造及烟草加工业；06纺织业；07服装、皮革、羽绒及其制品；08木材加工及家具制造业；09造纸、印刷及文教用品；10石油加工；11化学工业；12非金属矿物制品业；13金属冶炼及压延加工业；14金属制品业；15通用、专用设备制造业；16交通运输设备制造业；17电气机械及器材制造业；18通信设备、计算机制造业；19仪器仪表。

根据表5-16，我们首先对中国各行业的垂直专业化比率做一个简略的分析。在1997年，垂直专业化比率最高的五个行业分别为：10石油加工（17.85%），18通信设备、计算机制造业（17.53%），19仪器仪表（17.1%），17电气机械及器材制造业（15.88%），16交通运输设备制造业（15.74%）；垂直专业化比率最低的五个行业分别为：05食品制造及烟草加工业（2.23%），02石油和天然气开采业（4.54%），01煤炭开采和洗选业（6.16%），04非金属矿采选业（6.47%），12非金属矿物制品业（7.7%）。而2006年，垂直专业化比率最高的五个行业分别为：18通信设备、计算机制造业（97.51%），19仪器仪表（64.20%），10石油加工（45.20%），17电气机械及器材制造业（38.74%），15通用、专用设备制造业（34.05%）；垂直专业化比率最低的五个行业为：05食品制造及烟草加工业（5.58%），02石油和天然气开采业（9.95%），01煤炭开采和洗选业（11.37%），08木材加工及家具制造业（13.67%），04非金属矿采选业（14.44%）。

我们可以总结出的特点有：首先，1997年和2006年垂直专业化比率最高、最低的行业基本上没有变化，且都有增长；其次，垂直专业化最高的五个行业的比率增长大大高于垂直专业化最低的五个行业。以18通信设备、计算机制造业和19仪器仪表为例，其增长率分别高达456%和275%。而垂直专业化水平较低的05食品制造及烟草加工业与02石油和天然气开采业，其增长率分别为150%和119%。

另外，1997~2006年，中国整体的契约制度环境进步也是相当大的。根据樊纲、王小鲁等的《中国市场化指数》（这一指数能较好地反映契约实施效率，见本书第一节的说明），以上海为例，其市场化指数从1997年的0.99增长到2006年的37.7（见图5-5）。结合本书第三章的理论分析，契约实施制度的进步能促进一国的垂直专业化水平，且对于契约密集度越高的行业促进作用越大。那么，经济现实是否支持我们的推断取决于这里的垂直专业化水平进步较快的行业是否“恰好”是契约密集度较高的行业。接下来，我们将借鉴 Nunn（2007）的研究，考察各行业的契约密集度。

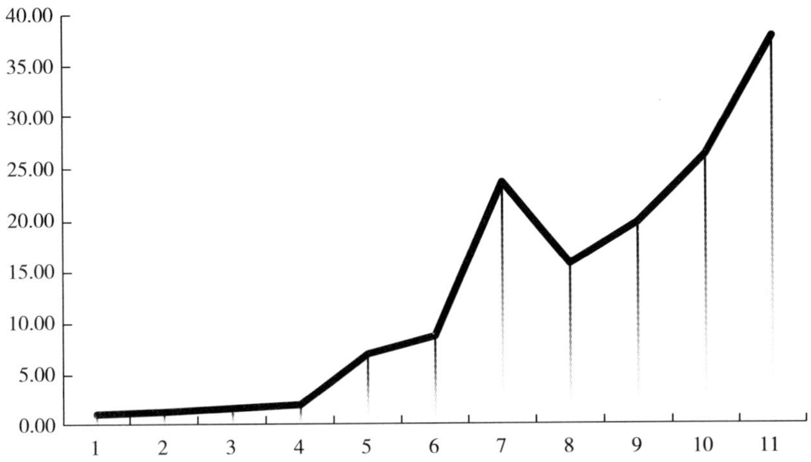

图 5－5 1997～2006 年上海市场化指数

二、行业契约密集度的测算

根据 Nunn（2007）的研究，行业 i 的契约密集度指标为 $z_i = \sum_j \theta_{ij} R_j^{neither}$。其中，$\theta_{ij} = u_{ij}/u_i$，$u_{ij}$表示行业 i 所使用的行业 j 的中间投入量，$u_i = \sum_j u_{ij}$ 表示行业 i 所使用的所有行业的中间投入总量，$R_j^{neither}$ 代表行业 j 中既没有“参考价格”（Reference Price）也不是“机构交易产品”（Organized Exchanges）的产品所占的比例。需要指出的是，Nunn（2007）借鉴了 Rauch（1999）的产品分类方法，将中间品根据关系专用性强度的大小分为三种，其中“机构交易产品”专用性最弱，市场最“厚”，它们可以被很容易地按照市场价销售；有“参考价格”的产品专用性稍强，市场稍“薄”，因为它们虽不像“机构交易产品”拥有公开的市场价格和许多买家，但有一个较为广泛接受的“参考价格”。对于那些既不是“机构交易产品”又没有“参考价格”的产品，其关系专用性最强，市场最“薄”，这些产品的交易往往面临“敲竹杠”问题，因此对契约实施制度较为依赖。所以，$R_j^{neither}$ 越大，代表行业 j 的市场越“薄”，该行业对契约制度越敏感，从而该行业的契约密集度越大。

根据这一指标，Nunn（2007）计算了各行业的契约密集度，如表 5－17 所示。

表 5－17　各行业契约密集度

行业	契约密集度	行业	契约密集度	行业	契约密集度
石油及炼焦加工业	0. 058	09 造纸及纸制品业	0. 348	15 专用设备制造业	0. 701
13 有色金属冶炼及压延加工业	0. 16	11 化学原料及化学制品制造业	0. 349	饮料制造业	0. 713
11 化学纤维制造业	0. 222	06 纺织业	0. 376	17 电气机械及器材制造业	0. 74
13 黑色金属冶炼及压延加工业	0. 242	14 金属制品业	0. 435	纺织、服装、鞋帽制造业	0. 745
05 农副食品加工业	0. 279	12 非金属矿物制品制造业	0. 443	19 仪器仪表及文化办公机械制造业	0. 769
05 烟草制品业	0. 317	医药制造业	0. 503	16 交通运输设备制造业	0. 859
05 食品制造业	0. 331	15 通用设备和机械制造业	0. 678	18 通信设备、计算机及电子设备制造业	0. 861

资料来源：http：//www. economics. harvard. edu/faculty/nunn/data_nunn，部分行业数据基于 Nunn 的计算加权平均求出。

三、契约密集度与垂直专业化比率

由于行业分类方法不一致，表 5－17 的计算结果与表 5－16 中的行业并不一一对应。我们以表 5－16 为准，将表 5－17 中能对应上的行业加上表 5－16 中行业的标号，以方便对照。对比表 5－16 和表 5－17 可知，垂直专业化比率进步较快的 15 通用、专用设备制造业，16 交通运输设备制造业，17 电气机械及器材制造业，18 通信设备、计算机制造业，19 仪器仪表，其契约密集度大体是最高的。而且，这几个行业的垂直专业化比率也都具有较快的进步（如 18 通信设备、计算机制造业和 19 仪器仪表，其增长率分别高达 456% 和 275%）。这个发现在很大程度上证实了本书第三章的结论：契约实施制度的进步对于契约密集度越高的行业的垂直专业化水平促进作用越大。

本章总结

在本章中，我们基于2002~2008年中国29个省份的面板数据，做了较为细致的实证分析，考察了契约实施效率对地区FDI流入和参与国际外包的影响。此外，我们还通过中国工业细分行业垂直专业化比率的变化与行业契约密集度的关系，说明了契约制度的进步对不同行业的垂直专业化比率的促进作用。一方面，实证结果证实了本书第三章的结论：契约制度的进步能促进地区吸引FDI和承接国际外包，且对于契约密集度更高的行业促进作用更大；另一方面，我们还结合中国的现实对实证结果做出了分析，指出了本章研究的政策含义。

本章的主要结论有：

（1）总体上看，对于FDI和外包，契约实施效率的进步都有显著且稳健的促进作用；衡量经济规模和市场厚度的GDP对FDI和外包的促进作用也很显著；较低的工资水平和完善的基础设施对FDI和外包有一定的促进作用，但这个效果并不稳健。

（2）从FDI和外包的不同分位处来看，在其水平越高的分位处，契约实施效率的促进作用越强，而GDP、工资水平和基础设施的作用都有所减弱，其中，工资水平和基础设施的系数在0.75和0.9分位处已经不显著。这说明随着地区经济发展，当FDI和外包达到一定水平时，只有“制度红利”能进一步促进其发展，而像“人口红利”和基础设施等“硬实力”的作用已经变得十分微弱。

接下来，我们将在第六章对全书的研究进行总结，并结合我国现实进行更加丰富的分析，在此基础上提出相应的政策建议。

第六章　结论与政策建议

第一节　结论与前瞻

一、本书主要结论

近年来，在全球化快速发展的进程中，国际贸易与投资领域中以下三个现象尤为突出：①在跨国公司主导的全球价值链分工下，世界 FDI 和中间品贸易迅速发展；②FDI 与中间品贸易的区域分布不平衡；③国家和地区间的契约实施制度存在很大的差异。基于以上现象，我们可以总结出 FDI 与中间品贸易的特征：契约制度优越的地区往往吸引更多的投资，有更多的中间品贸易。在世界已成为“地球村”的今天，各国的经济紧密相连，吸引外资与参与国际外包活动对一国特别是发展中国家的经济至关重要。那么，国际投资和中间品贸易为何会表现出上述特征呢？根据我们之前的分析，当代国际垂直专业化生产（或产品内分工）是由跨国公司主导的。因此，弄清这一特征的关键在于理解跨国公司的生产组织模式选择问题。这一选择问题包括两方面：一是组织边界选择，即经典的“Make or Buy”的问题：对于所需的中间投入品，企业是选择将其外包出去，从别的企业购买，还是采用垂直一体化的方式在企业内部生产？二是区位选择，即企业选择到什么地方寻找外包合作伙伴，或投资垂直一体化生产。

然而，传统的经济和贸易理论对该问题的解释是比较无力的。这是因为，首先，传统的经济学理论抽象了企业的生产过程，认为企业是一个“黑匣子”，我们只需把生产要素放入企业，它就能为我们生产出所需的产品。这个假设在商品生产过程比较简单的时代是合理的，那时没有今天这么多的复杂商品生产，不涉及太多中间品的生产和交易。但当今世界存在大量的中间品贸易和跨国公司内部的国际贸易，因此我们需要一个不同于传统理论的、分析企业组织边界问题的理论。其次，传统的贸易理论也抽象了企业生产的组织模式问题，假定产品的全部生产过程都在一国内部，按照比较优势的原则进行，或者即使涉及中间品的分析，也只是将最终品分解为具有不同要素密集度的中间品，然后在比较优势的框架下分析这些中间品的生产将如何分布在具有不同资源禀赋的国家。因此，传统的贸易理论也难以解释跨国公司的生产组织模式选择问题。最后，传统的经济和贸易理论都隐含着完全契约的假设，认为合作双方的企业只要签订了契约，就一定能完全按照双方意愿执行，并未考虑契约摩擦等因素对企业的影响。

好在20世纪八九十年代诞生的不完全契约理论为我们提供了一个分析该问题的思路。为解释这个问题，本书基于不完全契约理论建立了数理模型，并使用跨国面板数据和中国省际面板数据对数理模型的主要结论进行了验证。

在本书的第三章，我们基于不完全契约理论，分别从产权和交易成本的视角建立了南—北两国开放经济的理论模型，基于跨国公司的生产组织模式选择问题，重点分析南方国家契约实施制度的进步对其承接北方国家企业离岸生产的影响。此外，在TCE框架中，我们还将不完全契约对南方国家承接中间品生产的影响分为“扩展边际”和“集约边际”。该理论部分的主要结论有：

（1）资本密集型产品的生产相对倾向于采取一体化的形式，而劳动密集型产品往往采用外包形式组织生产。

（2）南方国家契约实施制度的改善能促进其承接国际外包或吸引FDI流入，且对于契约密集度越高的行业促进作用越明显。

（3）南方国家契约实施制度的进步能增加北方国家的企业在南方国家离岸生产的倾向，从而促进南方国家承接离岸生产，即有扩展边际的作用，且这一作用对于契约密集度越大的产品生产行业具有越明显的效果。

（4）南方国家契约实施制度的进步能增加南方国家企业的中间品产量，即对南方国家的离岸生产有集约边际的作用。

（5）南方国家工资水平的降低能促进北方国家的企业在南方国家开展离岸生产，且对于契约密集度越大的产品生产行业，其促进效果越明显。

在本书的第四章和第五章，我们在第三章研究的基础上对契约实施制度与FDI和国际外包的关系进行了实证分析。第四章基于2001～2010年36个发达国家和90个发展中国家的面板数据，分别考察了契约实施制度对发达国家和发展中国家承接跨国公司离岸生产的影响，还通过分位数回归考察了契约实施制度对FDI和外包在不同分位点水平处的影响。此外，由于契约制度可能存在内生性问题，第四章的实证分析中我们还采用了工具变量法和系统GMM方法。实证结果很好地证实了第三章的结论。第五章基于2002～2008年中国29个省份的面板数据，考察了契约实施效率对地区 FDI 流入和参与国际外包的影响。该章中我们使用 FGLS、工具变量法和分位数回归等方法，做出了比较细致的实证分析。同样，实证结果支持第三章的结论。通过第五章的研究我们还发现，不仅不同的契约实施制度影响跨国公司生产的区位选择，对于具有相同契约实施制度的一国内部，其地区间契约实施效率的差异也会影响地区 FDI 和外包。具体地，本书实证部分的主要结论有：

基于跨国样本数据的实证结果显示：

（1）契约实施制度对 FDI 有着显著且稳健的促进作用，契约制度系数的符号和显著性不随衡量指标的变化而产生明显变化，在控制了内生性等问题后该结论仍然成立。

（2）为进一步考察契约实施制度对 FDI 不同水平处的影响，我们还使用了分位数回归方法，结果显示，契约实施制度对高分位数水平处的 FDI 促进作用更为明显。

基于中国省际面板数据的实证结果显示：

（1）总体上看，对于 FDI 和外包，契约实施效率的进步都有显著且稳健的促进作用；衡量经济规模和市场厚度的 GDP 对 FDI 和外包的促进作用也很显著；较低的工资水平和完善的基础设施对 FDI 和外包有一定的促进作用，但这个效果并不稳健。

（2）从 FDI 和外包的不同分位处来看，在其水平越高的分位处，契约实施效率的促进作用越强，而 GDP、工资水平和基础设施的作用都有所减弱，其中，工资水平和基础设施的系数在 0.75 和 0.9 分位处已经不显著。这说明随着地区经济发展，当 FDI 和外包达到一定水平时，只有“制度红利”能进一步促进其发展，而像“人口红利”和基础设施等“硬实力”的作用已经变得十分微弱。

二、本书的主要贡献与可拓展之处

与已有文献相比，本书的主要创新点有：

理论方面，首先，与传统的贸易理论相比，本书放弃了把企业生产过程看作“黑匣子”的假设和对契约完全性的假设，从不完全契约的角度分析了跨国公司生产组织模式选择的问题，能够解释现实世界日益重要的跨国企业内部贸易、产品内贸易和中间品贸易等现象，丰富了理论研究。

其次，不同于 Antràs 和 Helpman 等强调不同行业的产品生产涉及的契约不完全性问题，着重分析不同行业的跨国公司的组织边界选择问题（什么行业的跨国公司倾向于 FDI？什么行业的跨国公司倾向于国际外包?），本书的研究强调不同区域的契约实施制度差异通过影响契约的不完全性，进而对跨国公司的区位选择产生影响（跨国公司选择在什么地方 FDI 或外包?）。

最后，基于 TCE 的框架，本书将契约实施制度对一国承接中间品生产的影响分为“扩展边际”和“集约边际”两种效应。当这个影响体现在北方国家的企业选择在南方国家生产中间品的倾向上时，为“扩展边际”；当体现在南方国家中间品生产企业的产量上时，为“集约边际”。

实证方面，首先，之前关于制度与 FDI 区位分布的研究把制度看作简单的成本因素考虑，而本书的研究以第三章的理论为基础，对制度影响 FDI 和外包区位分布的机制有了一定的把握，着重分析了契约实施制度的作用。

其次，本书在跨国数据部分运用 2001 ~ 2010 年 126 个国家的面板数据，利用较为丰富的计量方法分别讨论了发达国家和发展中国家的情况，并基于分位数回归对变量不同分位处的情况进行了细致的分析。

最后，通过对 2002 ~ 2008 年中国 29 个省市的面板数据的分析，我们发现不仅不同的契约实施制度影响跨国公司生产的区位选择，对于具有相同契约实施制度的一国内部，其地区间契约实施效率的差异也会影响地区 FDI 和外包。特别是关于地方契约实施效率对国际外包区位分布影响的实证研究，类似的文献相当少见。

尽管做出了许多努力，但本书仍有不少可拓展之处：

首先，本书的研究基于不完全契约理论，因此，不完全契约理论的前进方向也是本书的可拓展之处。本书虽然同时考虑了 GHM 与 TCE 视角下契约实施制度通过契约的不完全性对跨国公司生产组织模式选择的影响，但并未将 GHM 与 TCE 整合到统一的框架中。对于契约的不完全性，若能很好地引入谈判成本，将不完全契约内生化，则可为整合 GHM 与 TCE 提供一个可观的前景。

其次，本书的计量模型仍是基于影响因素的简约式模型，进一步的研究可考虑建立更加易于操作的数理模型，并在此基础上推导出结构化的计量模型。

最后，由于缺乏相应数据，本书的计量部分未对数理模型部分的“扩展边际”与“集约边际”效应进行检验。如有相应的企业层面的数据，可考虑检验南方国家契约制度的不同是否既影响企业的进入决策，又对已进入企业的产量决策产生作用。

第二节 政策建议

除了理论方面的贡献，本书的研究还有着较强的现实意义。在跨国公司主导的全球产品内分工和国际外包浪潮中，中国凭借丰富的劳动力禀赋，较为完善的基础设施，广阔的市场和稳定的、不断进步的制度环境积极参与国际分工，FDI与加工贸易在中国的出口乃至整个经济中有着非常重要的地位。改革开放30多年来，中国的对外贸易增长迅速并在国际市场上扮演着越来越重要的角色；与此同时，统计数据表明，中国的对外贸易增长主要来自以外资企业为主的加工贸易，中国实际上正扮演着“世界打工仔”的角色。加工贸易是中国参与世界产品内分工的主要形式。根据《中国统计年鉴》，1995～2006年中国的加工贸易额从1300.7亿美元增长到8318.6亿美元。而2006年中国进出口贸易总额为17606.9亿美元，加工贸易占到接近一半的比例。根据《中国对外贸易形势报告(2012年秋季)》，2012年1～9月中国进出口贸易总额为28424.7亿美元，其中，加工贸易进出口额为9829.4亿美元，约占贸易总额的34.6%，外商投资企业进出口额为13994.6亿美元，约占贸易总额的49.2%。另外，作为全球第一大代工厂商富士康，连续9年居中国大陆出口200强榜首。2011年仅这一家企业的出口额就占当年中国大陆出口总额的约5.8%。由此可以看出，加工贸易和外资在中国对外贸易乃至中国经济中的地位是非常重要的。

但中国在参与国际分工的过程中也存在不少问题，例如，中国的企业承接的国际业务往往比较低端、利润少、资源和环境成本高等。第一，我国的加工贸易多处于价值链的低端环节。我国许多大型出口企业主要是加工工厂，承担的是跨国公司生产链的低端环节，中国承接的国际外包大多数从国外进口原材料和零部件，在国内只进行简单的加工、装配，属于低层次的加工贸易方式。中国参与这种类型加工贸易的一个主要竞争力是低成本，这类加工贸易主要分布于劳动密集型行业。但是在今后的发展中这种劳动力成本优势不会永远存在，会随着中国经济的发展而逐渐消失。第二，我国参与国际外包的企业所获利润较低。在垂直专业化分工体系下，不同的产业链环节与工序对生产要素有着不同的要求，也相应有着不同的价值回报。跨国公司拥有核心技术，进行关键工序生产，在产业发展中占据主导地位，它们通过抢占产业链的技术研发环节和生产制造中的上游工序，享有产业价值链中利润最大、价值最高的部分。而现阶段我国在跨国公司全球价值链中的位置还处于低附加值环节，我国大多数企业从国外进口原材料和零部件，在国内只进行简单的加工装配，增值率低，这在一定程度上导致了我国加工贸易出口的产品技术含量和附加值偏低的现状。在这种状况下，不少专家学者认为，虽然短期内中国承接国外跨国公司产品的加工生产和出口效益显著，但从长期来看，难以实现我国通过引进外资促进本国技术进步和产业升级的目标，也难以帮助我国提高在全球价值链中的地位。第三，大量“大进大出”的低端加工贸易使我国的国际收支严重失衡，引发各种贸易争端，且造成维持低汇率政策的难度和负面效果加大，间接导致国内“外汇占款”引起的通货膨胀。第四，我国的外资流入和加工贸易企业主要分布在东南沿海地区，这种分布不平衡加剧了我国经济的区域失衡问题。第五，大量低端环节的加工贸易耗费资源，造成资源和环境问题。在加工贸易的发展对中国的资源和环境造成了很大的压力。多年来我国参与产品内国际分工、从事国际产业转移过来的高耗能生产环节，主要依靠社会资源的大量投入，这不仅给我国的环境、能源、运输等方面带来巨大压力，而且导致外需与内需资源利用之间的矛盾日趋激烈。在加工贸易集中的地区，都有严重的资源过度消耗问题。例如，广东、江苏等省份的资源过度消耗和环境污染问题十分严重，能源的综合利用效率都在下降，造成煤、电等一些主要能源严重不足。目前，中国每日耗水量世界第一，污水排放量世界第一，能源消费和二氧化碳排放量世界第二，我国经济发展正面临生态瓶颈。近年来北京等城市严重的雾霾和 PM2.5 超标问题再次引发了人们对环境问题的迫切关注，环境污染问题已是我国亟待解决的燃眉之急。此外，我国的企业普遍缺乏创新，从事的仅是“制造”而非“创造”活动。

本书的政策建议如下：

首先，本书的研究表明，契约实施制度对 FDI 和国际外包有着显著的促进作用，且该作用对于契约密集度高的行业或生产环节更加显著，而契约密集度高的行业往往具有更少的资源消耗和更高的附加值。因此，改善契约制度环境一方面能继续保持我国吸引外资和参与外包的优势；另一方面能改善贸易和外资结构，从而提升我国企业在全球价值链中的地位，改善资源环境问题。

其次，外资和加工贸易在中国经济中的地位非常重要，自然，FDI 和国际外包在我国的区域分布不平衡也是造成我国经济区域差异的重要原因。本书的研究表明，我国地区间的契约实施效率差异是造成地区间 FDI 和国际外包分布不平衡的重要原因。因此，对于那些工资水平远低于东部沿海省份的地区来说，努力提高当地的契约实施效率能有效缓解 FDI 和国际外包的区域差异，进而缓解我国经济发展的区域不平衡问题。

最后，良好的制度环境如知识产权保护等，能从正反两方面激励企业创新。正面的，良好的知识产权制度能有效保护企业的创新成果，保证进行研发投资的企业获取应有的利益，从而鼓励企业创新。反面的，保护国内外其他企业的创新成果，一方面能对侵犯他人成果的企业予以应有的惩罚，增加其侵权成本；另一方面能防止企业通过进行简单的“山寨”获利，从而激励其进行创新。

参考文献

［1］樊纲，王小鲁．中国市场化指数：各地区市场化相对进程报告［M］．北京：经济科学出版社，2011.

［2］黄晓琦，柴敏．在新经济地理学视角下的FDI区位选择：基于中国省际面板数据的实证分析［J］．管理世界，2006（10）．

［3］何兴强，王利霞．中国FDI区位分布的空间效应研究［J］．经济研究，2008（11）．

［4］何玉梅，孙艳青．不完全契约、代理成本与国际外包水平——基于中国工业数据的实证分析［J］．中国工业经济，2011（12）．

［5］胡昭玲．国际垂直专业化分工与贸易研究综述［J］．南开经济研究，2006（5）．

［6］李春顶．新—新贸易理论文献综述［J］．世界经济文汇，2010（1）．

［7］李德震．契约实施效率与加工贸易［J］．现代管理科学，2013（3）．

［8］李德震．契约实施效率与FDI［J］．现代管理科学，2013（4）．

［9］李德震．契约实施效率与国际外包区位分布［J］．中国物价，2013（5）．

［10］梁琦．跨国公司海外投资与产业集聚［J］．世界经济，2003（9）．

［11］刘瑶．外包与要素价格：从特定要素模型角度的分析［J］．经济研究，2011（3）．

［12］卢峰．服务外包的经济学分析：产品内分工视角［M］．北京：北京大学出版社，2007.

［13］卢锋．产品内分工：一个分析框架［R］．北京大学中国经济研究中心讨论稿系列，No. C2004005，2004（5）．

［14］鲁明泓．外国直接投资区域分布与中国投资环境评估［J］．经济研究，1997（12）．

［15］鲁明泓．制度因素与国际直接投资区位分布：一项实证研究［J］．经

济研究，1999（7）.

［16］鲁明泓，潘镇．中国各地区投资环境的评估与比较：1990～2000［J］．管理世界，2002（11）.

［17］聂辉华．新制度经济学中不完全契约理论的分歧与融合——以威廉姆森和哈特为代表的两种进路［J］．中国人民大学学报，2005（1）.

［18］聂辉华．契约不完全一定导致投资无效率吗？——一个带有不对称信息的敲竹杠模型［J］．经济研究，2008（2）.

［19］茹玉骢，金祥荣．合约实施制度与国际贸易文献综述［J］．国际贸易问题．2008（2）.

［20］茹玉骢，金祥荣，张利风．合约实施效率、外资产业特征及其区位选择［J］．管理世界，2010（8）.

［21］世界银行集团．2008中国营商环境报告［M］．北京：社会科学文献出版社，2008.

［22］盛丹，王永进．契约执行效率能够影响FDI的区位分布吗？［J］．经济学（季刊），2010，9（4）.

［23］田文．基于资产专用性下的跨境外包研究［J］．当代财经，2004（7）.

［24］佟家栋．国际贸易理论的发展及其阶段划分［J］．世界经济文汇，2000（6）.

［25］王剑．外商直接投资区域分布的决定因素——基于空间计量学的实证研究［J］．经济科学，2004（5）.

［26］王立平，彭继年，任志安．我国FDI区域分布的区位条件及其地理溢出程度的经验研究［J］．经济地理，2006（2）.

［27］王永进，李坤望，盛丹．地理集聚影响了地区出口比较优势吗？——基于不完全契约的视角［J］．世界经济文汇，2009（5）.

［28］吴福象．经济全球化中制造业垂直分离的研究［J］．财经科学，2005（3）.

［29］冼国明，杨长治．中国外商直接投资的区位决定——基于地区数据的空间计量分析［J］．世界经济研究，2009（1）.

［30］菲利普·阿洪，理查德·霍尔登．不完全契约与企业理论：我们在过去25年里学到了什么？［J］．谢来辉译．经济社会体制比较，2012（3）.

［31］徐康宁，陈健．跨国公司价值链的区位选择及其决定因素［J］．经济研究，2008（3）.

［32］许罗丹，谭卫红．外商直接投资聚集效应在我国的实证分析［J］．管

理世界，2003（7）.

［33］徐毅，张二震. FDI、外包与技术创新：基于投入产出表数据的经验研究［J］. 世界经济，2008（9）.

［34］徐毅，张二震. 外包与生产率：基于工业行业数据的经验研究［J］. 经济研究，2008（1）.

［35］杨瑞龙，聂辉华. 不完全契约理论：一个综述［J］. 经济研究，2006（2）.

［36］余珮，孙永平. 集聚效应对跨国公司在华区位选择的影响［J］. 经济研究，2011（1）.

［37］张维迎. 企业的企业家——契约理论［M］. 上海：上海人民出版社，1995.

［38］张维迎. 所有制、治理结构及委托—代理关系——兼评崔之元和周其仁的一些观点［J］. 经济研究，1996（9）.

［39］张五常. 经济解释——张五常经济论文选［M］. 北京：商务印书馆，2000.

［40］张小蒂，孙景蔚. 基于垂直专业化分工的中国产业国际竞争力分析［J］. 世界经济，2006（5）.

［41］Acemoglu, Daron, Philippe Aghion, Rachel Griffith and Fabrizio Zilibotti. Vertical Integration and Technology: Theory and Evidence［J］. Journal of the European Economic Association, 2010（8）.

［42］Acemoglu, Daron, Pol Antràs and Elhanan Helpman. Contracts and Technology Adoption［J］. American Economic Review, 2007（97）.

［43］Aghion, Philippe and Jean Tirole. The Management of Innovation［J］. Quarterly Journal of Economics, 1994（109）.

［44］Aghion, Philippe and Jean Tirole. Formal and Real Authority in Organizations［J］. Journal of Political Economy, 1997（105）.

［45］Alfaro, Laura, Paola Conconi, Harald Fadinger and Andrew F. Newman. Trade Policy and Firm Boundaries［R］. NBER Working Paper No. 16118, National Bureau of Economic Research, 2010.

［46］Amiti, Mary and Shang－Jin Wei. Fear of Service Outsourcing: Is It Justified?［J］. Economic Policy, 2005（20）.

［47］Anderson, James E. and Eric van Wincoop. Trade Costs［J］. Journal of Economic Literature XLII, 2004.

［48］Anderson and Marcouiller. Insecurity and the Pattern of Trade: An Empirical Investigation [J]. Review of Economics and Statistics, 2002 (84).

[49] Antràs, Pol. Firms, Contracts and Trade Structure. Quarterly Journal of Economics [J]. 2003, 118 (4).

[50] Antràs, Pol. Incomplete Contracts and the Product Cycle [J]. American Economic Review, 2005 (95).

[51] Antràs Pol and Ricardo J. Caballero. Trade and Capital Flows: A Financial Frictions Perspective [J]. Journal of Political Economy, 2007 (117).

[52] Antràs, Pol and Davin Chor. Organizing the Global Value Chain [R]. Working Paper, Harvard University, 2011.

[53] Antràs, Pol. and Arnaud Costinot. Intermediated Trade [J]. Quarterly Journal of Economics, 2011 (126).

[54] Antràs, Pol, Mihir Desai and C. Fritz Foley. Multinational Firms, FDI Flows and Imperfect Capital Markets [J]. Quarterly Journal of Economics, 2009 (124).

[55] Antràs, Pol and Elhanan Helpman. Global Sourcing [J]. Journal of Political Economy, 2004 (112).

[56] Antràs, Pol and Elhanan Helpman. Contractual Frictions and Global Sourcing. In E. Helpman, D. Marin, and T. Verdier, Eds. The Organization of Firms in a Global Economy [M]. Cambridge, Mass.: Harvard University Press, 2008.

[57] Antràs, Pol and Esteban Rossi - Hansberg. Organizations and Trade [J]. Annual Review of Economics, 2009 (1).

[58] Antràs, Pol and Robert W. Staiger. Offshoring and the Role of Trade Agreements [M]. American Economic Review, Forthcoming.

[59] Aumann, Robert J. and Lloyd S. Shapley. Values of Non - Atomic Games [M]. Princeton, NJ: Princeton University Press, 1974.

[60] Aw, Bee - Yan, Sukkyun Chung and Mark J. Roberts. Productivity and Turnover in the Export Market: Micro - level Evidence from the Republic of Korea and Taiwan (China) [J]. World Bank Economic Review, 2000 (14).

[61] Axtell, Robert L. Zipf Distribution of US Firm Sizes [J]. Science, 2001 (293).

[62] Baker, George, Robert Gibbons and Kevin J. Murphy. Relational Contracts and the Theory of the Firm [J]. Quarterly Journal of Economics, 2002 (117).

[63] Baker, George P. and Thomas N. Hubbard. Make Versus Buy In Trucking: Asset Ownership, Job Design, and Information [J]. American Economic Review,

2003 (93).

[64] Baldwin, John R. and Wulong Gu. Export Market Participation and Productivity Performance in Canadian Manufacturing [J]. Canadian Journal of Economics, 2003 (36).

[65] Baldwin, Richard E. Hysteresis in Import Prices: The Beachhead Effect [J]. American Economic Review, 1988 (78).

[66] Baldwin, Richard E. Heterogeneous Firms and Trade: Testable and Untestable Properties of the Melitz model [R]. NBER Working Paper No. 11471, 2005.

[67] Baldwin, Richard E. and Paul R. Krugman. Persistent Trade Effects of Large Exchange Rate Shocks [J]. Quarterly Journal of Economics, 1989, 104 (4): 635-654.

[68] Bardi, Edward J. and Tracey, Michael. Transportation Outsourcing: A Survey of U. S. Practices [J]. International Journal of Physical Distribution and Logistics Management, 1991 (21).

[69] Bartel, Ann, Saul Lach and Nachum Sicherman. Outsourcing and Technological Change [R]. NBER Working Paper No. 11158, 2005.

[70] Basco, Sergi. Financial Development and the Product Cycle [R]. Working Paper, Universidad Carlos Ⅲ, 2010.

[71] Bernard, Andrew B. and J. Bradford Jensen. Why Some Firms Export [J]. Review of Economics and Statistics, 2004 (86).

[72] Bernard, Andrew B., J. Bradford Jensen and Peter K. Schott. Importers, Exporters and Multinationals: A Portrait of Firms in the U. S. that Trade Goods [R]. NBER Working Paper 11404, 2005.

[73] Bernard, Andrew B., J. Bradford Jensen, Stephen Redding and Peter K. Schott. Intra-Firm Trade and Product Contractibility [J]. American Economic Review, 2010 (100).

[74] Bernard, Andrew B., Stephen Redding and Peter K. Schott. Comparative Advantage and Heterogeneous Firms [D]. Mimeo, Yale University, 2005.

[75] Bhagwati, Jagdish, Arvind Panagariya and T. N. Srinivasan. The Muddles over Outsourcing [J]. Journal of Economic Perspectives, 2005 (18).

[76] Bolton, Patrick and Mathias Dewatripont. Contract Theory [M]. Cambridge, MA: The MIT Press, 2005.

[77] Borga, Maria and William J. Zeile. International Fragmentation of Production and Intrafirm Trade of U. S. Multinational Companies [R]. Bureau of Economic

Analysis Working Paper WP, 2004 (2).

[78] Bustos, Paula. Rising Wage Inequality in the Argentinean Manufacturing Sector: The Impact of Trade and Foreign Direct Investment on Technology and Skill Upgrading [D]. Mimeo, Harvard University, 2005.

[79] van Biesebroeck, Johannes and Lijun Zhang. Global Sourcing of a Complex Good [R]. Working Paper, K. U. Leuven, 2011.

[80] Campa, Jose M. and Goldberg, Linda S. The Evolving External Orientation of Manufacturing: A Profile of Four Countries [J]. Federal Reserve Bank of New York Economic Policy Review, 1997 (3).

[81] Casson, Mark. Alternatives to the Multinational Enterprise [M]. London: Palgrave Macmillan, 1979.

[82] Caves, Richard E. Multinational Enterprise and Economic Analysis [M]. Cambridge, UK: Cambridge University Press, 1996

[83] Chen, Yongmin and Robert C. Feenstra. Buyer Investment, Export Variety and Intrafirm Trade [J]. European Economic Review, 2008 (52).

[84] Chen, Yongmin, Ig Horstmann and James Markusen. Physical Capital, Knowledge Capital and the Choice between FDI and Outsourcing [J]. Canadian Journal of Economics, 2008 (45).

[85] Coase, Ronald H. The Nature of the Firm [J]. Economica, 1937 (4).

[86] Conconi, Paola, Patrick Legros and Andrew F. Newman. Trade Liberalization and Organizational Change [J]. Journal of International Economics, Forthcoming.

[87] Corcos, Gregory. Globalisation, Vertical Linkages and Relational Contracts [R]. Working Paper, Paris School of Economics, 2006.

[88] Corcos, Gregory, Delphine M. Irac, Giordano Mion and Thierry Verdier. The Determinants of Intra – Firm Trade [J]. The Review of Economics and Statistics, Forthcoming.

[89] Defever, Fabrice and Farid Toubal. Productivity and the Sourcing Modes of Multinational Firms: Evidence from French Firm – Level Data [Z]. CEP Discussion Paper No. 842. Centre for Economic Performance, London School of Economics and Political Science, 2007.

[90] Díez, Federico J. The Asymmetric Effects of Tariffs on Intra – Firm Trade and Offshoring Decision [R]. Working Paper No. 10 – 4, Federal Reserve Bank of Boston, 2010.

[91] Dixit, Avinash K. and Joseph E. Stiglitz. Monopolistic Competition and Op-

timum Product Diversity [J]. American Economic Review, 1977 (67).

[92] Djankov, Simeon, Rafael La Porta, Florencio Lopez - de - Silanes and Andrei Shleifer. Courts [J]. Quarterly Journal of Economics, 2003 (118).

[93] Dunning, John H. International Production and the Multinational Enterprise [M]. London: Allen and Unwin, 1981.

[94] Ethier, Wilfred J. The Multinational Firm [J]. Quarterly Journal of Economics, 1986 (101).

[95] Ethier, Wilfred J. and James R. Markusen. Multinational Firms, Technology Diffusion and Trade [J]. Journal of International Economics, 1996 (41).

[96] Feenstra, Robert C. Offshoring to China: The Local and Global Impacts of Processing Trade [Z]. Lectures Presented at the University of International Business and Economics, Beijing, 2011: 4 - 18.

[97] Feenstra, Robert C. and Gordon H. Hanson. Globalization, Outsourcing and Wage Inequality [J]. American Economic Review, 1996 (86).

[98] Feenstra, Robert C. and Gordon H. Hanson. Ownership and Control in Outsourcing to China: Estimating the Property - Rights Theor of the Firm [J]. Quarterly Journal of Economics, 2005 (120).

[99] Fernandes, Ana P. and Heiwai Tang. Determinants of Vertical Integration in Export Processing: Theory and Evidence from China [R]. Working Paper, Tufts University, 2010.

[100] Grossman, Sanford J. and Oliver D. Hart. The Costs and Benefits of Ownership: A Theory of Vertical and Lateral Integration [J]. Journal of Political Economy, 1986 (94).

[101] Grossman, Gene M. and Helpman, E. Integration vs. Outsourcing in Industry Equilibrium [J]. Quarterly Journal of Economics, 2002 (117).

[102] Grossman, Gene M. and Elhanan Helpman. Outsourcing versus FDI in Industry Equilibrium [J]. Journal of the European Economic Association, 2003 (1).

[103] Grossman, Gene M. and Elhanan Helpman. Managerial Incentives and the International Organization of Production [J]. Journal of International Economics, 2004 (63).

[104] Hart, Oliver. Firms, Contracts and Financial Structure [M]. New York: Oxford University Press, 1995.

[105] Hart, Oliver and John Moore. Property Rights and the Nature of the Firm [J]. Journal of Political Economy, 1990 (98).

[106] Hart, Oliver and Bengt R. Holmström. A Theory of Firm Scope [J]. Quarterly Journal of Economics, 2010 (125).

[107] Helpman, Elhanan. Trade, FDI and the Organization of Firms [J]. Journal of Economic Literature, 2006 (44).

[108] Helpman, Elhanan, Oleg Itskhoki and Stephen Redding. Inequality and Unemployment in a Global Economy [J]. Econometrica, 2010 (78).

[109] Helpman, Elhanan and Paul R. Krugman. Chapter 12: Single – Product Firms, in Market Structure and Foreign Trade: Increasing Returns, Imperfect Competition and the International Economy [M]. Cambridge, Mass.: MIT Press, 1985.

[110] Hummels, David, Jun Ishii and Kei – Mu Yi. The Nature and Growth of Vertical Specialization in World Trade [J]. Journal of International Economics, 2001 (54).

[111] Hymer, Stephen H. The International Operations of National Firms: A Study of Direct Foreign Investment. Ph. D Dissertation, Massachusetts Institute of Technology, Department of Economics [M]. 1960, Published posthumously 1976, Cambridge, Mass.: MIT Press.

[112] Juan Carluccio and Thibault Fally. Global Sourcing under Imperfect Capital Markets [J]. The Review of Economics and Statistics, 2012, 94 (3): 740 –763.

[113] Kohler, Wilhelm and Marcel Smolka. Global Sourcing Decisions and Firm Productivity: Evidencefrom Spain [R]. CESifo Working Paper No. 2903, CESifo Group, Munich, 2009.

[114] Legros, Patrick and Andrew F. Newman. Competing for Ownership [J]. Journal of the European Economic Association, 2008 (6).

[115] Legros, Patrick and Andrew F. Newman. A Price Theory of Vertical and Lateral Integration [R]. CEPR Discussion Paper No. 7211, Centre for Economic Policy Research, London, 2009.

[116] Levchenko, Andrei. Institutional Quality and International Trade [J]. Review of Economic Studies, 2007 (74).

[117] McLaren, J. Supplier Relations and the Market Context: A Theory of Handshakes [J]. Journal of International Economics, 1999 (48).

[118] McLaren, John. Globalization and Vertical Structure [J]. American Economic Review, 2000 (90).

[119] Manova, Kalina. Credit Constraints, Heterogeneous Firms and International Trade [R]. Working Paper, Stanford University, 2010.

[120] Marin, Dalia and Thierry Verdier. Power in the Multinational Corporation in Industry Equilibrium [J]. Economic Theory, 2009 (38).

[121] Markusen, James R. The Boundaries of Multinational Enterprises and the Theory of International Trade [J]. Journal of Economic Perspectives, 1995 (9).

[122] Melitz, Marc J. The Impact of Trade on Intra – Industry Reallocations and Aggregate Industry Productivity [J]. Econometrica, 2003 (71).

[123] Melitz, Marc J. and Gianmarco I. P Ottaviano. Market Size, Trade and Productivity [R]. NBER Working Paper 11393, 2005.

[124] Midler, Paul. Poorly Made in China [M]. Hoboken, NJ: John Wiley & Sons, Inc, 2009.

[125] Montagna, Catia. Efficiency Gaps, Love of Variety and International Trade [J]. Economica, 2001 (68).

[126] Neary, J. Peter. Globalization and Market Structure [J]. Journal of the European Economic Association (Papers and Proceedings, Presidential Address), 2003 (1).

[127] Nunn, Nathan. Relationship – Specificity, Incomplete Contracts and the Pattern of Trade [J]. Quarterly Journal of Economics, 2007 (122).

[128] Nunn, Nathan and Daniel Trefler. The Boundaries of the Multinational Firm: An Empirical Analysis. In E. Helpman, D. Marin and T. Verdier, eds., The Organization of Firms in a Global Economy [M]. Cambridge, Mass: Harvard University Press, 2008.

[129] Nunn, Nathan and Daniel Trefler. Incomplete Contracts and the Boundaries of the Multinational Firm [R]. Working Paper, Harvard University, 2011.

[130] Ponzetto, Giacomo. Intellectual Property Rights and Efficient Firm Organization [R]. Working Paper, CREI – Universitat Pompeu Fabra, 2009.

[131] Puga, Diego and Daniel Trefler. Wake Up and Smell the Ginseng: The Rise of Incremental Innovation in Low – Wage Countries [J]. Journal of Development Economics, 2010 (91).

[132] Qiu, Larry D. and Barbara Spencer. Keiretsu and Relationship – Specific Investment: Implications for Market – Opening Trade Policy [J]. Journal of International Economics, 2002 (58).

[133] Rajan, Raghuram G. and Luigi Zingales. The Firm as a Dedicated Hierarchy: A Theory of the Origins and Growth of Firms [J]. Quarterly Journal of Economics, 2001 (116).

[134] Rauch, James E. Networks versus Markets in International Trade [J].

Journal of International Economics, 1999 (48).

[135] Rauch, James E. and Vitor Trindade. Information, International Substitutability and Globalization [J]. American Economic Review, 2003 (93).

[136] Rodrik, Dani. How Far Will International Economic Integration Go? [J]. Journal of Economic Perspectives, 2000 (14).

[137] Romalis, John. Factor Proportions and the Structure of Commodity Trade [J]. American Economic Review, 2004 (94).

[138] Rugman, Alan M. Inside the Multinationals: The Economics of Internal Markets [M]. New York: Columbia University Press, 1981.

[139] Schwarz, Christian and Jens Suedekum. Global Sourcing of Complex Production Processes [R]. CESifo Working Paper No. 3559, CESifo Group, Munich, 2011.

[140] Spencer, Barbara. International Outsourcing and Incomplete Contracts [J]. Canadian Journal of Economics, 2005 (38).

[141] Swenson, Deborah L. Overseas Assembly and Country Sourcing Choices [J]. Journal of International Economics, 2005 (66).

[142] Tomiura, Eiichi. Foreign Outsourcing, Exporting and FDI: A Productivity Comparison at the Firm Level [J]. Journal of International Economics, 2007 (72).

[143] Whinston, Michael D. On the Transaction Cost Determinants of Vertical Integration [J]. Journal of Law, Economics and Organization, 2003 (19).

[144] Williamson, Oliver E. Markets and Hierarchies: Analysis and Antitrust Implications [M]. New York: The Free Press, 1975.

[145] Williamson, Oliver E. The Economic Institutions of Capitalism [M]. New York: The Free Press, 1985.

[146] World Trade Organization. World Trade Report 2008: Trade in a Globalizing World [R]. Geneva: World Trade Organization, 2008.

[147] Yeaple, Stephen R. Offshoring, Foreign Direct Investment and the Structure of U. S. Trade [J]. Journal of the European Economic Association, 2006 (4).

[148] Yeats, Alexander J. Just How Big Is Global Production Sharing? In S. Arndt and H. Kierzkowski, eds., Fragmentation: New Production Patterns in the World Economy [M]. New York: Oxford University Press, 2001.

[149] Yi, Kei – Mu. Can Vertical Specialization Explain the Growth of World Trade? [J]. Journal of Political Economy, 2003 (111).

[150] Zeile, William J. U. S. Intrafirm Trade in Goods [J]. Survey of Current Business, 1997 (78).

后　记

人们总是感慨时光飞逝，大概是因为过得充实吧。五年前初次踏入天津的情景依然清晰可见，恍然间，我已在南开园度过了五个忙碌而收获颇多的春夏秋冬。不觉间，我的学生时代也被冷酷的时光画上了句号。但这只是我学术生涯一个新的开始。

人，天生是孤独的。因为宇宙的浩瀚、真理的缥缈。作为自诩智慧生命的人，我们生来就被赋予了一个光荣而伟大的使命：去揭开上帝那神秘的面纱，求取他那幻化无穷而又亘古不变的圣谕。其实，上帝离我们如此近，他就藏在世界的每一粒沙、每一朵花中。世间万物的沧桑变幻，每一朵花开，都由他安排；他就藏在每个人的心中，我们所有的爱恨情愁、所有的食色之欲，都是他的旨意。然而他是如此神秘，我们每个人穷尽毕生的精力也只能窥其一斑，如沧海之一粟。所以，人是多么孤独！

本书的写作，让我尝尽了孤独的滋味。经济学终究是研究人的学问。也许上帝创造人类之始，就将自己所有的神秘灌注在人性之中了吧！人的行为之变幻莫测直逼上帝，人性之复杂苦煞所有的社会科学家。但这也造就了所有的社会科学。试想，若人性简单如计算机程序一般，输入因必输出相应的果，那么所有的社会学家都该改行做程序员了。那样的世界将多么无趣！在经济学领域，每一个重要问题都足以让人用尽毕生精力去解答，而单是问题本身又有无数多个。想当初，在文献的海洋里，我曾多么迷茫！

然而，我们又并不孤独。古往今来，千千万万的人投身追求真理的伟大事业。我们并不孤独，因为我们可以站在前人的肩膀上，因为有无数的同仁与我们并肩作战。在寻找真理的庞大队伍中，探险家们似乎天生被植入了愚公和精卫的基因。遮蔽双眼的崇山再高，我们也要把它变成通往真理的大道；淹没真理的大海再深，我们也要将其填满，让真理浮出水面！

在本书的写作过程中，始终有一股强大的力量鼓舞着我。因为我知道，探求真理的道路虽荆棘密布，但我不是一个人在战斗。每当我看到一篇经典文献时，总是感觉相见恨晚。当得知我的灵光一现与远在世界另一端的学术巨擘如出一辙时，我是多么兴奋，虽然我知道我只是一个在海边捡到一个贝壳的孩子。与我并肩作战的除了异国他乡的同仁外，更多的是我身边的老师和同学。在此，我由衷地向他们表示感谢。

首先要感谢我的导师黄兆基教授。他是我在南开园五年的导师。在南开园的五年里，我的学术生命经历了从诞生到成长的过程，而黄老师无疑是我学术生命的首要监护人。这五年里，黄老师为我和其他同门上了数不清的讨论课，还有大受学生欢迎的数理经济学和高级国贸理论课。黄老师极其严谨的思维和认真、求实的治学态度深深地影响了我。黄老师分析现实问题时游刃有余地运用经济学理论的能力和使经济学思想与数理模型相互转换的能力都让我叹服，每次与黄老师交流都受益匪浅。黄老师给我们非常充分的时间做学术研究，几乎从未让我们做过与学术无关的工作。黄老师的学术方向偏重理论，但为了我们的学习和本书写作，老师倾注了不少精力研究实证方法，为我们推荐和解读相关经典文献。从老师身上学到的和老师为我们做的让我感动之至，无以为报，唯有今后更加努力做研究，方不辜负黄老师的期望。

还要感谢佟家栋教授。我在上自己导师方向课的同时，听了近三年佟老师的讨论课。因此，佟老师可算作我的第二导师。佟老师身为学校副校长，还坚持学术研究并定期组织学生讨论，这一点足以让我钦佩。在讨论课上，佟老师为我们选取 NBER 最新的 Working Paper，组织同学们点评并亲自做总结，我从佟老师的课上获取了不少最新的热点知识，佟老师极具视野和高瞻远瞩的点评每次都让我难忘。

也要感谢李坤望老师、张伯伟老师、周申老师、彭支伟老师、刘程老师、包群老师、孙浦阳老师、韩军老师和胡昭玲老师，在他们的课上或与他们的交流都让我学到了不少知识。

感谢我的同门师兄弟、师姐妹们。尤其是白瑜婷师妹、李春梅师姐和刘瑶师姐，在本书写作中，她们给予了直接且重要的帮助。另外，我从梁超师兄和杨宏师弟那里也学习到了不少东西。

感谢黄平川同学、刘竹青同学、王璐瑶同学和 2010 级国际系的所有博士同学。在生活和学习上我们互相帮助，让我体会到了同窗情谊的温暖。

我还要感谢我的家人。父母给予我生命，又含辛茹苦养育了我，他们给了我无数的爱，给了我亲情和家的温暖，这些爱和温暖塑造了健康的我，是我生命的基础。从幼儿园到现在，尤其是大学之后，父母一直支持我的学业，并给我提供坚实的后盾。还有我的弟弟、爷爷奶奶、姥姥姥爷，他们都一如既往地支持我的学业，给我许多鼓励。接近而立之年，我仍要依靠家人生活，唯有勤奋学术，今后以此为业，再图报答。

最后，我要特别感谢我的女朋友钟晶。我们大学时相恋，至今已有 8 年。我今年 26 岁，8 年大约相当于 26 年的三分之一，之后我们将更多地融入彼此的生命。相恋三年，大学毕业后我们便异地相隔，直至今日，隔渤海相望已有五年之余。她用最宝贵的八年青春与我相恋，用最宝贵的五年青春等我的承诺。若非至诚至深之爱，绝无如此之可能。此情已无须多言。

不觉间已时至深夜，想必亲朋都已睡去。我想说，有你们在，我的生命温暖无比；有你们在，天地再大我也不孤独。你们在梦中可否感受到我的感激和祝福？

李德震

2013 年 4 月 10 日于南开园